Der Autor wurde 1950 in Erfurt geboren. Er studierte in Weimar Bauingenieurwesen und schloss das Studium 1977 mit der Promotion ab. Danach war der Autor bis zum Eintritt in den Ruhestand im Jahr 2015 in einem Erfurter Planungsbüro tätig.
Seit mehr als 40 Jahren beschäftigt sich der Autor mit romanischer und vorromanischer Kunst sowie mit der Geschichte des frühen Kirchenbaus vom frühchristlichen Kirchenbau bis zum Kirchenbau des 13. Jahrhunderts.

Veröffentlichungen des Autors zum Thema:

"Frühe Kirchenbauten in Mitteldeutschland. Alternative Rekonstruktionen der Baugeschichten"
2. überarbeitete und ergänzte Auflage
Im Anhang: *Frühe Geschichte Mitteldeutschlands - Versuch einer Rekonstruktion*
2019, 302 S., BoD-Books on Demand, Norderstedt
ISBN: 9783749454624

"Der frühchristliche Kirchenbau - das Produkt eines Chronologiefehlers. Versuch einer Neueinordnung mit Hilfe der HEINSOHN-These"
Im Anhang u. a. *Exkurs: Die Erschaffung der karolingischen und ottonischen Baukunst*
2017, 280 S., BoD - Books on Demand, Norderstedt
ISBN: 9783848256686

"Das Heilige Grab in Gernrode - alles klar, oder? Eine alternative Baugeschichte"
Im Anhang *Exkurs: Die "Reliquienkammer" in der Ostkrypta der Stiftskirche in Gernrode*
2018, 60 S., BoD-Books on Demand, Norderstedt
ISBN: 9783746097381

"Die ottonischen Kirchen St. Servatii, St. Wiperti und St. Marien in Quedlinburg. Eine notwendige Revision"
2018, 104 S., BoD-Books on Demand, Norderstedt
ISBN: 9783752824902

"Frühe Kirchenbauten in Deutschland - alle zu früh datiert.
Kirchenbau ohne Karolinger, Ottonen, Salier, Staufer"
Im Anhang: *Exkurs: Schweizer Beispiele*
2019, 284 S., BoD - Books on Demand, Norderstedt
ISBN: 9783749483129

Michael Meisegeier

Frühe Kirchenbauten in Frankreich

Alternative Rekonstruktionen der Baugeschichten

im Anhang:
Frühe Kirchenbauten in Deutschland und in der Schweiz - eine Nachlese

© 2020
Herstellung und Verlag: BoD – Books on Demand,
Norderstedt.
ISBN: 9783750436848

Inhaltsverzeichnis

Vorbemerkungen

In meinen beiden letzten Veröffentlichungen hatte ich mich mit den frühen Kirchenbauten in Deutschland befasst und einen kleinen Ausflug in die Schweiz vorgenommen. Nun besitzt Frankreich als Kerngebiet des ehemaligen Frankenreichs einige wichtige Kirchenbauten, deren Baugeschichten gemäß der Tradition bis in diese Zeit zurückreichen. Damit lag es auf der Hand, diese Bauten in einer gesonderten Publikation etwas näher unter die Lupe zu nehmen. Im Anhang habe ich einige m. E. wichtige und interessante deutsche Bauten sowie das Fraumünster in Zürich, die ich bisher einfach "unterschlagen" habe, als Nachlese ergänzt.

Um dem Leser, der die vorherigen Bücher nicht kennt, meine Herangehensweise und meine Grundannahmen bekannt zu machen, habe ich die einleitenden Kapitel aus dem vorigen Buch über Deutschland für dieses neue Buch einfach noch einmal übernommen, ggf. mit marginalen Veränderungen. Wer das vorige Buch zu den frühen Kirchenbauten in Deutschland gelesen hat, kann diese Kapitel überspringen.

Als programmatischen Satz und als Einstimmung möchte ich Werner JACOBSEN zitieren:
"Strenggenommen wissen wir nicht, in welchen Jahren genau die Aachener Pfalzkapelle errichtet wurde, in welche Zeit die Lorscher Torhalle zu datieren ist, ob der aufgehende Bau der Höchster Justiniuskirche überhaupt karolingisch oder doch romanisch ist, ganz zu schweigen von unserem fragmentarischen Wissen zur frühen Kunst Italiens oder Frankreichs." [JACOBSEN 1983, 245]

Dieses Statement, das er 1983 in seiner Veröffentlichung zur Krypta der ehemaligen Abteikirche Saint-Médard bei Soissons formulierte, gilt im Prinzip bis heute. Nebenbei: Zu Aachen und Lorsch habe ich entsprechende Rekonstruktionsvorschläge in meinem vorigen Buch vorgestellt.

Es scheint unter den Mediävisten und Kunsthistorikern Konsens zu herrschen über die früh- und hochmittelalterliche Geschichte und Kunstgeschichte. Auf die Karolinger folgten im Ostfrankenreich die Ottonen, welche von den Saliern in der Herrschaft abgelöst wurden. Nach den Saliern sind es die Staufer, die die Geschicke Mitteleuropas und nicht nur dort bestimmten. Im Westfrankenreich folgten auf die Karolinger die Kapetinger.

Zwangsläufig ist die Kunstgeschichte diesem vorgegebenen Bild gefolgt.

Es gibt unzählige Publikationen zur karolingischen Kunst und zu Karl dem Großen als prominentesten Vertreter der Karolingerzeit, z. T. prächtig ausgestattet und reich bebildert.

Neben ihren vielen anderen vorzüglichen Eigenschaften sind Karl der Große und seine Nachfolger auf dem Thron als großzügige Bauherrn in die Geschichte eingegangen. Nach ILLIG [ILLIG 1996, 205] nennt die Statistik 544 Großbauten für die Zeit Karl des Großen und seiner beiden Nachfolger Ludwig I. und Lothar I., also von trad. 768-855, davon 27 Kathedralen, 100 Königspfalzen und 417 Klöster. ILLIG [ebd., 208] zitiert BRAUNFELS: "Von allen diesen Bauten hat man nur 215 archäologisch untersucht, nur von einem Bruchteil von diesen sind Reste erhalten. Die Werke, die ganz oder doch in wesentlichen Teilen noch stehen, lassen sich fast an den zehn Fingern aufzählen".

Eine große Schar von Wissenschaftlern hat sich mit den Karolingern und ihrer Geschichte befasst. Ihre Arbeiten füllen sicher ganze Bibliotheken. Werden dadurch die Karolinger fassbarer?

Dieses Bild bekommt mit ILLIG einen ersten Riss. ILLIG kam bei der Ausarbeitung seiner so genannten Phantomzeitthese letztendlich zu dem Schluss, dass es Karl den Großen und seine Zeit nie gegeben hat. Bis heute vertritt ILLIG seine These, die die Zeit von 614 bis 911 als Phantomzeit ansieht und ersatzlos streicht. ILLIG streicht die Karolinger vor 911 komplett und belässt nur die westfränkischen Karolinger von 911 bis 987 in der Geschichte. Reale Bauten, die traditionell dieser Zeit zugeordnet werden, datiert er entweder vor 614 bzw. nach 911.

Es ist offensichtlich, dass die Architektur- und Kunstgeschichte der Geschichte folgt. Gibt es eine Geschichte, so weisen die Kunsthistoriker ihr auch eine Kunstgeschichte zu, auch wenn diese Zuweisung oft ziemlich problematisch ist. Was passiert aber, wenn sich herausstellt, dass die Geschichte falsch ist? Ein genauerer Blick auf die Geschichte des frühen und hohen Mittelalters lohnt.

Wenn die Geschichte falsch ist?

ARNDT schreibt in seinem bemerkenswerten Buch "Die wohlkonstruierte Geschichte" von der "Fiktionalität eines wesentlichen Teils der Pippiniden- und Karolinger-Geschichten" [ARNDT 2015, 100]. Er sieht die Merowinger und die Karolinger "nach derselben Schablone gestrickt" und betitelt seinen Abschnitt zur Karolingerzeit mit der Frage: "Sind die Karolinger nur ein Double der Merowinger?" [ebd., 98]. Während die Herrscherliste der Merowinger zwar offensichtliche Manipulationen aufweist, jedoch zumindest bis 584 evtl. noch einschließlich Dagobert I. (605-639) einen realen Kern erkennen lässt, scheinen die Herrscherlisten der Karolinger und der ihnen folgenden Ottonen, Salier und Staufer im Wesentlichen frei konstruiert zu sein. ARNDT sieht von 768 bis 1493 ein geschlossenes System, das während der Herrschaft Karl V. (1520-1556) "entworfen wurde, oder zumindest in wesentlichen Teilen erweitert wurde" [ebd., 71f].

Seit etwa 2013 wird die von Gunnar HEINSOHN erarbeitete These der radikalen Verkürzung der traditionellen Chronologie des ersten Jahrtausends auf ca. 300 Jahre in einem kleinen Kreis diskutiert.

HEINSOHN, der seine These vorwiegend stratigraphisch begründet, sieht die Zeitabschnitte der Jahre 1 - 230 in Westrom und 290 - 520 in Ostrom bzw. Byzanz sowie Anfang 8. Jh. - 930 im Norden und Nordosten zeitgleich. Er sieht jeweils am Ende dieser Zeitabschnitte, d. h. um 230 in Westrom, um 520 in Byzanz und um 930 im Norden/Nordosten eine größere Naturkatastrophe, die derzeit als drei einzelne Katastrophen erscheinen, die jedoch für ihn eine globale Naturkatastrophe darstellen. HEINSOHN gibt auf der Webseite "www.q-mag.org/gunnar-heinsohns-latest.html" unter dem Artikel "The Creation of the First Millenium" eine Kurzvorstellung seiner Hauptthesen. Weiterhin ist eine 70-seitige englische Kurzfassung des rund 700-seitigen deutschen Manuskriptblocks von WIE LANGE WÄHRTE DAS ERSTE JAHRTAUSEND? unter http://www.q-mag.org/gunnar-heinsohn-the-stratigraphy-of-rome-benchmark-for-the-chronology-of-the-first-millennium-ce.html zu finden.

Ich möchte an dieser Stelle nicht weiter auf die HEINSOHN-These, die ich prinzipiell für zutreffend erachte, eingehen. Das habe ich bereits in meinen früheren Veröffentlichungen getan, z. B. [MEISEGEIER 2017, 12ff] und [MEISEGEIER 2019-1, 252ff].

Die HEINSOHN-These setzt die weströmische Antike (0-230), die byzantinische Spätantike (290-520) und unser Frühmittelalter (700-930) zeitgleich. Es resultiert daraus zwangsläufig auch folgende chronologische Beziehung 230 = 520 = 930. Das wäre auch das Jahr der von HEINSOHN gesehenen globalen Naturkatastrophe.

Zur Entstehung dieses Chronologiephänomens hier nur so viel dazu: Anscheinend gab es im ersten Jahrtausend zwei Veränderungen in der Chronologie der Ereignisgeschichte. (Diese Überlegung, die ich noch heute für zutreffend erachte, stammt ursprünglich von BEAUFORT im Zusammenhang mit der Diskussion der HEINSOHN-These.)

Eine erste mit der allgemein bekannten, mit dem Namen Dionysius Exiguus verbundenen Einführung der Zeitrechnung nach Christi Geburt unter Justinian I. im 6. Jh., bei der wahrscheinlich die weströmische Antike gegenüber der Spätantike um 284 Jahre in die Vergangenheit verschoben wurde. Etwa ein Jahrhundert später erfolgte eine nochmalige Korrektur des Zeitpunktes der Geburt Christi. Byzanz wähnte sich nicht im 7. Jh. n. Chr., sondern bereits im 11. Jh. n. Chr., womit eine weitere Verschiebung der gesamten bisherigen Ereignisgeschichte in die Vergangenheit um 418 Jahre stattfand. Initiator kann nur das byzantinische Kaiserhaus gewesen sein. Diese zweite Verschiebung blieb offenbar nach außen unbemerkt, genauso ist ihr Motiv unbekannt (Byzanz hatte sicher kein Interesse daran, diese Verschiebung wem auch immer bekannt zu machen. Wer hätte sie sonst publik machen können?). Mit dieser zweiten Verschiebung entstand unsere aktuelle Zeitrechnung nach u. Z., die nach meiner Auffassung jedoch erst mit den Kreuzzügen nach Europa kam, also frühestens im 12. Jh., und die erst in der Folgezeit sukzessive übernommen wurde.

Die in Schriftzeugnissen, welche traditionell vor dem 12. Jh. bis weit in das 12. Jh. hinein datiert sind, auftauchenden A.D.-Datierungen sind bestenfalls Rückrechnungen, also keine originalen Datierungen, i. d. R. jedoch konstruierte, d. h. erfundene Datierungen.

An der Peterskirche in Erfurt gibt es eine in die Außenwand eingemeißelte Pestinschrift mit einer A.D.-Datierung 1382. Diese A.D.-Datierung dürfte eine originale A.D.-Datierung sein. Eine heute verschwundene Altarweiheinschrift in der ehemaligen Erfurter Peterskirche besaß die A.D.-Datierung 1351. Woanders kann es durchaus noch ältere originale A.D.-Datierungen geben.

In der Andreaskirche in Verden existiert die Grabplatte des Iso von Wölpes mit einer A.D.-Inschrift 1231 (Selbstverständlich kann die Grabplatte auch viel später gefertigt worden sein). Der Vatikan datierte regelmäßig erst ab 1431 Urkunden "nach Christi Geburt" [ILLIG]. Die späte Übernahme durch Rom könnte an der Abneigung Roms gegenüber dieser oströmischen Datierung liegen. Letztendlich kam man jedoch nicht umhin, diese ebenfalls zu verwenden, wenn auch nach langem Zögern.

Durch diese Verschiebungen sind in der heutigen Chronologie Leerjahre oder Phantomjahre entstanden, d. h. Jahre ohne reale Ereignisgeschichte. Das sind einmal die 284 Jahre vor

525 (Dionysius Exiguus) und die 418 Jahre vor Mitte des 11. Jh.

Diese wurden nachträglich bzw. im Zusammenhang mit der Schaffung der Chronologie im 16. Jh. mit "Geschichte" gefüllt. Die erste mit der realen Geschichte des spätantiken Byzanz, die jetzt um 284 Jahre zu Westrom versetzt erscheint, und die zweite mit frei erfundener Geschichte, sowohl in Byzanz als auch in Mittel- und Westeuropa.

Die Ereignisgeschichte der weströmischen Antike bis ca. 230/40 und der Spätantike bis ca. 600 sind in zeitgenössischen Quellen einigermaßen glaubhaft überliefert. Die Quellenlage für die weströmische Antike und die Spätantike lässt sicher kein pauschales Verwerfen der Ereignisgeschichte zu. Sie bleibt von mir im Prinzip unberührt.

Die Zeitgleichheit von Antike, Spätantike und Frühmittelalter erfordert jedoch zum Verständnis der Ereignisgeschichte eine Vereinbarung zur Korrektur der Datierung.

Hilfsweise kann man sich vorstellen, dass im antiken Westrom, in Byzanz und im Norden/Nordosten (West- und Mitteleuropa) unterschiedliche, zueinander versetzte Zeitrechnungen bzw. Datierungen existierten.

Ich belasse die weströmisch-antike Datierung bis ca. 230/40 n. Chr. unverändert in der Chronologie und setze diese fort mit dem Jahr 940 u. Z. Die dazwischen liegende Zeit von ca. 700 Jahren sehe ich als Leerzeit oder Phantomzeit. Die reale spätantike Ereignisgeschichte (von Diokletian bis Maurikios bzw. Phokas?) ordne ich der Zeit vor 230/40 bzw. der Zeit nach 940 zu, wobei ich für die Trennung das Jahr ca. 520 (wegen 230/40 = 520) gewählt habe. Das Frühmittelalter von ca. 700 bis 940, das eigentlich parallel zur Antike stattfand, lasse ich ganz außen vor, da ich die überlieferte Ereignisgeschichte dieser Zeit für nicht real, d. h. erfunden halte, womit keine Ereignisgeschichte zuzuordnen ist. Aus der HEINSOHN-These folgt unausweichlich, dass chronologisch auf die römische Antike unmittelbar das Mittelalter folgt.

Insbesondere für unsere Geschichte ist darüber hinaus zu beachten, dass die spätantike Datierung von den mit Justinian I. zeitgleich im Frankenreich herrschenden

Merowingern übernommen wurde. Die Merowinger datierten bis zu ihrem Ende spätantik. Von der zweiten Verschiebung blieben sie jedoch unberührt, da ihre Herrschaft vorher endete.

Im ehemals merowingischen Herrschaftsgebiet kam es stellenweise durch die Fortführung der spätantiken Datierung zu einer Überschneidung mit der Datierung nach u. Z. (A. D.), wobei die traditionelle Forschung auch die spätantike Datierung als A.D.-Datierung missverstand bzw. noch missversteht.

Damit haben wir den Umstand zu konstatieren, dass in Mittel- und Westeuropa alle drei Datierungen, d. h. die antike weströmische durch die Römer in Gallien und Germanien, die spätantike durch die Merowinger und natürlich die Datierung nach u. Z. vorkommen. Damit kommen die Historiker bis heute nicht klar.

Nun ergibt sich zwangsläufig die Frage, wie die Ereignisgeschichte im Norden und Nordosten, wozu das Gebiet des heutigen Deutschland gehört, bis 930 verlief? Die nächste Frage, wie die Geschichte danach?

HEINSOHN sieht die Richtigkeit der überlieferten Ereignisgeschichte auch für das Frühmittelalter. Für ihn gehört die überlieferte Geschichte mit den Karolingern und frühen Ottonen, d. h. die Zeit von 700 bis 930, die in der Antike (0-230), wenn auch nicht ganz 1:1.

Die das frühmittelalterliche 8. und 9. Jh. bevölkernden Karolinger werden damit für ihn Zeitgenossen der römischen Antike. Die überlieferte Karolingergeschichte einschließlich Karl den Großen sieht er als "plausibel" an. Dass wir die karolingischen Bauten noch nicht gefunden haben, soll seiner Meinung daran liegen, dass bisher nicht in der Antike gesucht wurde.

Wenn auch außerhalb seiner These, hält er die überlieferte Ereignisgeschichte ab 930 (Ottonen, Salier und Staufer) für i. W. zutreffend.

BEAUFORT, der HEINSOHN im Prinzip folgt, formuliert in seinem Aufsatz "Wer waren die Karolinger?" (2014): "Aus Sicht der Heinsohnthese ist anzunehmen, dass die rheinfränkischen Herrscher als Karolinger zu identifizieren sind." Ihre Herkunft sieht er in Herstal/Jupille nördöstlich von Lüttich gelegen. Jupille, heute ein Ortsteil von Herstal, ist der Legende nach der Geburtsort von Pippin dem Kurzen und Karl dem Großen.

Durch die HEINSOHN-These kommt die Herrschaft der Merowinger, nach Korrektur der spätantiken Datierung in u. Z., in das 10./11. Jh. Die Herrschaft der Merowinger endete mit dem Tod König Dagoberts I. im Jahr 639 = 1057 (Dagobert I. war der letzte wirkliche Merowingerkönig. Die Könige nach ihm sind fiktiv. Nach einem Vorschlag von BEAUFORT, dem ich folge). Da bleibt kein Platz mehr für irgendwelche Karolinger und Ottonen.
ARNDT zeigt zwar auf, dass die gesamte Geschichte von 768 bis 1493 konstruiert ist, lässt sich jedoch nicht darüber aus, wie es zu diesem Konstrukt kam und wie die reale Geschichte verlaufen ist bzw. sein könnte.

Nach meiner Auffassung irren bzgl. der wahren Ereignisgeschichte des Frühmittelalters sowohl HEINSOHN als auch BEAUFORT. Ich halte die überlieferte Ereignisgeschichte des Frühmittelalters als auch die des anschließenden Hochmittelalters für ein Konstrukt, d. h. i. W. für frei erfunden.

Ich arbeite im Weiteren aus rein praktischen Gründen konsequent mit den Katastrophenjahren 238, 522 und 940 und den Differenzjahren der spätantiken Datierung zur weströmisch-antiken Datierung von -284 Jahren bzw. zur heutigen Datierung nach u. Z. von +418 Jahren, auch wenn andere Autoren, die mit der HEINSOHN-These arbeiten, andere Jahreszahlen für die Katastrophe und die Differenzjahre verwenden. So sieht z. B. BEAUFORT neuerdings als Katastrophenjahre die Jahre ca. 253/ ca. 537/ca. 937 und als Differenzjahre 284 Jahre bzw. 400 Jahre. Für mein spezielles Anliegen spielt die jahrgenaue Datierung eine untergeordnete Rolle.

14

Wie entstand das Konstrukt des frühen und hohen Mittelalters?

In [MEISEGEIER 2019-1, 14ff] habe ich die folgende These formuliert:
Sämtliche überlieferten Schriftquellen, die traditionell der Zeit zwischen ca. 600 und dem fortgeschrittenen 12. Jh. zugeordnet werden, sind Fälschungen bzw. Pseudepigraphen. D. h. es gibt es keine zeitgenössischen Schriftquellen der Karolinger, Ottonen, Salier und Staufer.
Der Grund ist nach meiner Meinung der zeitweilige Verlust der Schriftkultur nach dem Untergang des Weströmischen Reiches, wobei außerhalb des ehemaligen römischen Herrschaftsbereichs, z. B. im Osten Deutschlands, eine solche sowieso nie bestand.

Frühestens ab dem fortgeschrittenen 12. Jh., eher sogar später, begann man "Geschichte" rückwirkend zu schaffen. Zentren der "Geschichtsschreibung" und der Fälschungen waren die im Schreiben geübten Klöster, sozusagen eine neue Arbeitsbeschaffungsmaßnahme und Geschäftsmodell für Mönche und Nonnen bzw. der den Klöstern vorstehenden Äbte und Äbtissinnen. Verschiedene Klöster taten sich dabei besonders hervor, wie St. Denis und Corvey.
Es kam es zu einem massenhaften Fälschen von Urkunden und anderen Dokumenten, i. d. R. zum nachträglichen Nachweis von vorhandenen Besitz und alten Rechten.
Mit Pseudepigraphen wie Alkuin, Einhard als angeblicher Nachfolger als Leiter der Hofschule Karls des Großen mit seiner *Vita Karoli Magni*, Widukind, Thietmar etc. wurde Geschichtsschreibung "nachgeholt".
Die in den angeblich "zeitgenössischen Geschichtswerken" vermittelte Ereignisgeschichte war weitestgehend frei erfunden.

Es wurde die scheinbar 418 Jahre dauernde geschichtslose Zeit zwischen den Merowingern des 6./7. Jh. und der damaligen Gegenwart mit konstruierter Geschichte gefüllt.

Nach meiner Auffassung überlagerten sich hier zwei Phänomene. Zum einen die Verschiebung der Zeitrechnung zwischen den spätantik datierenden Merowingern und u. Z. und zum anderen die völlige Abwesenheit von Schriftzeugnissen zwischen dem Ende der Merowinger und dem späten 12. Jh.
Dass zwischen dem Ende der Merowingerzeit im Jahr 1057 und dem 12. Jh. in Wirklichkeit nur ca. 100 Jahre lagen, war den Verfassern der "Geschichtswerke" zum Zeitpunkt der Abfassung vermutlich nicht bewusst.

Der früh- und hochmittelalterliche Abschnitt der konstruierten Geschichte reicht nach ARNDT von 768 (Besteigen des Königsthrons durch Karl den Großen) bis 1313 (Tod Heinrich VII.). Er wurde mit den konstruierten Herrscherdynastien der Karolinger, Ottonen, Salier und Staufer aufgefüllt. Der Anschluss nach unten an die Realgeschichte der Merowinger, deren Ende mit König Dagobert I. († 639 = 1057 u.Z.) markiert ist, wurde durch eine Verlängerung der Merowingerherrschaft mit weitgehend herrschaftsunfähigen Merowingerkönigen bis 768 hergestellt.

Die Fortführung des Systems nach 1313 bis 1493 ist im Zusammenhang mit dem gewählten Thema nicht relevant.

Mit der Schaffung der Chronologie im 16. Jh. wurde die erfundene "Geschichte" fest in die Chronologie integriert. Möglicherweise gehören diese Vorgänge auch zusammen.
Das heißt konkret: Es gibt keine Realgeschichte der Karolinger, der Ottonen, der Salier und der Staufer, und damit kann es auch keinen karolingischen, ottonischen, salischen bzw. staufischen Kirchenbau gegeben haben.

Und damit hat ARNDT natürlich recht, indem er auf seiner Webseite formuliert: "Karl der Große, Otto der Große und Friedrich Barbarossa - alles nur Märchen wie Rotkäppchen und König Drosselbart!" [https://www.historyhacking.de/ geschichtsanalytik/medi%C3%A4vistik/]

Bei den Ottonen sieht es ähnlich aus. Für die Zeit der Ottonen gibt es eine, wenn auch relativ geringe Anzahl an Schriftquellen, in denen die Orte oder auch die Bauten selbst erwähnt werden. Das sind insbesondere die Chroniken zur Ottonengeschichte wie z. B. die Sachsenchronik von Widukind, die Chronik des Thietmar von Merseburg sowie *Gesta Oddonis* der Hrotsvith von Gandersheim. Sie gelten der etablierten Wissenschaft als zeitgenössische Quellen und haben für sie einen absoluten Wahrheitswert.

Merkwürdig ist nur, dass verschiedene, dort berichtete Ereignisse mit den archäologischen Untersuchungs-ergebnissen nicht in Einklang zu bringen sind. Anzuführen ist hier die vergebliche Suche nach dem Grab Heinrichs I. in Quedlinburg oder die vergebliche Suche nach dem Moritzkloster und der ottonischen Pfalz in Magdeburg oder die vergebliche Suche nach der ersten Marienkirche in Memleben, in der Otto I. aufgebahrt gewesen sein soll, sowie der dortigen ottonischen Pfalz. Genauso wie für Quedlinburg zahlreiche Besuche der späteren Ottonen - insbesondere immer zu den Osterfeierlichkeiten schriftlich „bezeugt" sind, weswegen Quedlinburg als „wichtigste Pfalz der ersten Liudolfinger", als Osterpfalz angesehen wird, obwohl dort die baulichen Voraussetzungen vor der Jahrtausendwende gar nicht vorhanden waren.

Berichten die vermeintlich zeitgenössischen Quellen doch nicht die Wahrheit? Betreffend Widukind ist es nach FAUßNER [ANWANDER zu FAUßNER 23f] erwiesen, dass die Sachsenchronik eine Fälschung des 12. Jh. durch Wibald (1098-1158), Abt von Stablo und Corvey, ist. Nach FRANZ ist neben der Sachsenchronik Widukinds auch die Chronik Thietmars zweifelsfrei durch Wibald im 12. Jh. geschaffen worden. Sowohl die Sachsenchronik als auch die Chronik Thietmars dienten Wibald dazu, "seinen Urkundenreihen einen Halt, einen geschichtlichen Kontext zu verleihen." [FRANZ, 239]
So sind von den schon nicht sehr zahlreichen so genannten zeitgenössischen Quellen zwei weitere für unsere Kenntnis

der Ottonenzeit als solche ausgefallen. Von FAUßNER sind schon Werke wie die *Gesta Oddonis* der Hrotsvith von Gandersheim, die *Vita brunonis* von Ruotger, das *Ottonianum* von Heinrich II. und andere als Werke Wibalds benannt worden [ILLIG 2007, 410]. Und es gab nicht nur die Fälscherwerkstatt Wibalds.

Die damals konstruierte Geschichte ist bis heute Gegenstand ernsthafter Forschung der Historiker.

Wann wurde die Karolingerlegende geschaffen?

Interessant ist vielleicht noch, wann die karolingische Geschichte kreiert wurde?

ARNDT [2014] liefert hierzu einen interessanten Ansatz:
Die Genealogie der Karolinger hat offensichtlich in der mittelalterlichen französischen Geschichte ihren Ursprung:
Der König (REX) und Kaiser (IMP AVG) Karl I. von Valois (1270-1325), der Stammvater aller französischen Könige von 1328-1589, auch der Große genannt, entspricht nach ARNDT Karl dem Großen.
Sein Großonkel, Karl von Anjou (1227-1285), wäre das Modell für Karl Martell.
Es gibt noch mehr Gemeinsamkeiten: So hieß die Urgroßmutter von Karl I. Blanche und kam aus Spanien. Die Großmutter von Karl dem Großen soll Blancheflor aus Spanien gewesen sein.
Weiterhin hieß der Vater von Karl I. Philipp (III., der Kühne), ebenso sein ältester Sohn. Der Vater von Karl dem Großen hieß Pippin wie auch sein ältester Sohn.
Wenn Karl I. von Valois das Vorbild für Karl den Großen der Geschichtsschreibung ist, kann diese nicht vor dem 14. Jh. entstanden sein, eher noch etwas später im 15./16. Jh.

Auch bei den späteren Ottonen gibt es eine verwunderliche Übereinstimmung. Der Sachsenherzog Otto IV. (geb. 1175/76, gest. 1218, von 1209-1218 angeblich dt. Kaiser), dessen Vater Heinrich (der Löwe) hieß und Herzog von Sachsen war und dessen Mutter Mathilde hieß und eine englische Königstochter war. Dieselbe Konstellation haben wir bei den Ottonen mit Heinrich I., seiner Gattin Mathilde und deren Sohn Otto I., dem Großen.

ARNDT untersucht das Aufkommen des Namens "Karl" unter den europäischen Herrschernamen. Er geht davon aus, dass Karl der Große die Namensgebung beeinflusst haben muss. Ihn wundert das späte Aufkommen des Namens nach den Karolingern. Nach ARNDT taucht der Name Karl nach den Karolingern erstmals wieder im 13. Jh. bei Karl I. von Anjou (1226-1285, König von Sizilien) aus der französischen Kapetinger-Dynastie auf [ARNDT 2015, 20], danach erst wieder im 14. Jh. mit Karl IV. (geb. 1316) [ebd., 27].

Wie sieht es in der bildenden Kunst mit Darstellungen von Karl dem Großen aus?
Die "sogenannte Statuette Karls des Großen" im Louvre soll um 860/70 entstanden sein. Nach VOLBACH stellt die Statuette einen karolingischen Fürsten dar, doch handelt es sich wahrscheinlich nicht um Karl den Großen [HUBERT / PORCHER / VOLBACH, 355]. Ich teile weder die Zuschreibung noch die Datierung.
Die lebensgroße Stuckskulptur im Kloster St. Johann in Müstair (Schweiz), angeblich entstanden zwischen 800 und 1165, soll den Stifter Karl den Großen darstellen [Wikipedia].
"... die mehrfach ergänzte romanische Statue Karls des Großen, errichtet wohl von dem ... Churer Bischof Egino, nachdem Kaiser Rotbart 1165/66 den Herrscher durch seinen Gegenpapst kanonisieren ließ." [MÜLLER, 10] Nach meiner Meinung stellte die Skulptur ursprünglich den wirklichen Stifter dar und könnte um 1160 entstanden sein. Sie wurde jedoch nachträglich (15./16./17.Jh.?) zu einer Königsdarstellung umgearbeitet.

Von Albrecht Dürer ist eine original datierte Darstellung aus dem Jahr 1510 bekannt, auf die ARNDT hinweist [ARNDT 2014].

Im 1521 erschienenen Erstdruck der Biographie Karls des Großen ("Vita Caroli Magni") von Einhard ist eine weitere original datierte Abbildung Karls des Großen zusammen mit Kaiser Karl dem V. überliefert. [ARNDT 2015, 21] "Beim gemeinen Volk ist Karl der Große aber offensichtlich erst im 17. Jahrhundert angekommen. Eine wachsende Beliebtheit des Namens Karl kann nämlich erst seit dieser Zeit festgestellt werden. Und dies, obwohl es seit Jahrhunderten üblich war, daß bei der Namensvergabe Namen von Herrschern und Heiligen einen hohen Stellenwert hatten und nach offizieller Geschichte Karl der Große sowohl ein berühmter Herrscher als auch ein Heiliger war. Z.B. findet man unter den 1000 Studenten der Universität Köln im 14. und 15. Jahrhundert keinen einzigen Karl [Bach, S. 351]." [ARNDT 2014]

Es scheint, dass erst Anfang des 16. Jh. sich die Karolingerlegende etabliert hatte.

"Somit wäre die von H. Illig seinerzeit aufgeworfene Frage "Hat Karl der Große je gelebt?" sowie die damit zusammen hängende Frage, wem dann die ihm derzeit zugeordneten Überreste gehören sollen, beantwortet. Die Krone und das Schwert von Karl dem Großen sind ja schon seit langem als Fälschungen entlarvt bzw. als einer anderen Zeit zugehörig befunden worden. Das Wenige, was an Gebäuden überhaupt noch in Frage kommt, kann der Römerzeit bzw. dem Hoch- bis Spätmittelalter zugeordnet werden, wie schon andere Autoren ausführlich erörtert haben. Was die Münzen betrifft, so ist die Einordnung in die Zeit des 13./14. Jahrhunderts naheliegend und schlüssig ... Mit den "Grandes Chroniques de France", des entscheidenden mittelalterlichen Werkes zur französischen Geschichte, wurden dann die Quellen für diese Zeit zusammengestellt." [ARNDT 2014]

Geschichte ohne Karolinger, Ottonen, Salier und Staufer

Wenn die traditionelle Geschichte vom 7. Jh. bis zum 12./13. Jh. konstruiert wurde, d. h. frei erfunden ist, wie verlief die reale Ereignisgeschichte?
Zunächst kann man den Zeitraum stark eingrenzen. Wie oben ausgeführt, wurde im 7. Jh. in Byzanz die Uhr vorgestellt auf das 11. Jh. Das sind 418 Jahre, in denen keine reale Ereignisgeschichte stattgefunden hat.
Mit dieser Verschiebung gelangen die Merowinger, die traditionell in das 6./7. Jh. datieren, in das 10./11. Jh.
In die Herrschaft der Merowinger fiel die globale Naturkatastrophe (Überschwemmung?, um 940), die die noch verbliebenen Reste der römische Kultur endgültig weitgehend zerstörte. Die gesellschaftliche Entwicklung war jedoch in den ehemaligen Römergebieten schon lange vorher eingebrochen. Mit dem Abzug der Römer aus den germanischen Gebieten in der zweiten Hälfte des 2. Jh. (trad. 5.Jh.) endete auch die arbeitsteilige, komplexe römische Wirtschaft. Diese hatte schon vorher durch die Einfälle und Raubzüge der germanischen Stämme schwer gelitten. Die Bauwerke und die Infrastruktur wurden von den nachfolgenden Germanen zwar weiter genutzt, aber verfielen zusehends, da die neuen Herren nicht in der Lage waren, diese instandzuhalten bzw. instandzusetzen. Das politische Ende Westroms (trad. 476 = 192 weströmisch/antik) war dagegen sicher kaum spürbar.
Natürlich waren die nichtrömischen Gebiete aufgrund des niedrigeren Entwicklungsstandes der Gesellschaft davon weniger betroffen. Das Ausbleiben von zahlreichen nützlichen Gebrauchsgütern, die aus den römischen Gebieten eingeführt wurden, dürfte auch in diesen Gebieten schmerzlich gewesen sein. Die etwa 60/70 Jahre spätere Naturkatastrophe erledigte nur den Rest. Der Neuanfang war fast ein wirklicher Neuanfang.

Konkret herrschten die Merowinger im Frankenreich bis zum Tod König Dagoberts I. im Jahr 639, das durch die Verschiebung dem Jahr 1057 u. Z. entspricht. König Dagobert I. dürfte der letzte reale Merowingerherrscher gewesen sein. Die traditionell ihm folgenden merowingischen Herrscher bis zur Herrschaftsübernahme durch die Karolinger sind konstruiert.

Damit ist die zu betrachtende Zeit reduziert auf die relativ kurze Zeitspanne von 1057 bis zum 12./13. Jh. Gleichzeitig sind automatisch die Karolinger und Ottonen aus der Chronologie eliminiert.

Nach meiner Überzeugung blieb das Ostfrankenreich nach dem Ende der Merowinger ohne Zentralgewalt.

Die Territorialfürsten, die schon unter der Herrschaft der Merowinger erstarkt waren, nutzten die Vakanz der Königsmacht zu ihrem Vorteil. Das Königsgut wurde dem eigenen Besitz zugeschlagen.

Nach einem bis dahin andauernden Konzentrationsprozess sind Mitte des 14. Jh. die in der Goldenen Bulle aufgeführten Kurfürsten (die Erzbischöfe von Trier, Köln und Mainz, der König von Böhmen, der Pfalzgraf bei Rhein, der Herzog von Sachsen und der Markgraf von Brandenburg) die mächtigsten Territorialherren auf dem Gebiet des ehemaligen fränkischen Teilreichs Austrasien und der bis dahin hinzugewonnenen Gebiete.

Die traditionelle Geschichte kennt ebenfalls eine königs- und kaiserlose Zeit in den Jahren um 1250, dem Ende der Staufer, bis 1273, der Wahl Rudolf I. zum römisch-deutschen König - das so genannte Interregnum.

Die herrschenden Zustände während des Interregnums sind bei Wikipedia nachzulesen: "Während des Interregnums versuchten die Bischöfe und Fürsten, ihre Ansprüche und Territorien zu vergrößern. So unterdrückten sie andere mindermächtige Adelige, bekämpften das städtische Bürgertum und rissen widerrechtlich Reichslehen an sich, außerdem führten sie Zölle, neue Steuern und sogar Regalien aller Art ein, um ihren persönlichen Reichtum zu vergrößern.

Auch der niedere Adel, allen voran das Rittertum, stand den Großen in nichts nach, auch wenn seine Methoden weniger subtil waren. Das Raubrittertum entstand. Niemand konnte dieser Verwilderung des deutschen Adels Einhalt gebieten; die Gerichte und Reichsbehörden waren machtlos, das Faustrecht, das Recht des Stärkeren, setzte sich allgemein durch."

Nach meiner Auffassung währte das Interregnum auf dem Gebiet des ehemaligen merowingischen Austrasiens oder Ostfrankenreichs nicht nur ca. 23 Jahre, sondern dauerte von 1057, dem Tod Dagoberts I. und Ende der Merowingerdynastie, vermutlich bis 1314, dem Beginn der Herrschaft König Ludwig IV. ("der Bayer"), also ganze 257 Jahre.

Zu ergänzen ist, dass es das römisch-deutsche Kaisertum von den Ottonen bis zu den Staufern nach meiner Auffassung nie gab. Genauso sind die Romzüge wie die gesamte Rompolitik der römisch-deutschen Kaiser freie Erfindung. Sie hat es nie gegeben.

Und Frankreich?

Frankreich, eigentlich das Kernland des früheren Frankenreichs, ist stolz auf seine Kirchenbauten insbesondere aus karolingischer Zeit.

Natürlich haben wir in Frankreich dasselbe Problem, wie für Deutschland beschrieben. Wie in Deutschland zwischen den Merowingern und vermutlich dem Beginn der Herrschaft von König Ludwig IV., dem Bayern, im Jahr 1314 wurde in Frankreich die Geschichte zwischen den Merowingern und vermutlich dem Antritt des Hauses Valois in der Königsherrschaft im Jahr 1328 nachträglich konstruiert.

Die frühe französische Herrschergeschichte geht maßgeblich auf die *Grandes Chroniques de France* zurück.

Die *Grandes Chroniques de France* basieren bis 1416 ausschließlich auf den *Annalen von Saint-Denis* (auch *Lateinische Chroniken von Saint-Denis* genannt, 1250), der *Geschichte der Könige Frankreichs* (bis 1214) und der *Chronique du Religieux de Saint-Denis* (bis 1416). [Wikipedia]

Wikipedia: "Die Mönche der Abtei stellten die verfügbaren Quellen zusammen:
zur Geschichte der Merowinger:
- die *Gesta regum Francorum* (oder *Historia Francorum*) von Aimoin von Fleury (um 970–nach 1008)
- die *Gesta Dagoberti* vermutlich von Hilduin von Saint-Denis (um 835), manchmal auch Hinkmar von Reims (800/810–882) zugeschrieben
zur Geschichte der Karolinger:
- die *Annales Laureshamenses* (Lorscher Annalen)
- die *Vita Caroli Magni* (Leben Karls des Großen) Einhards (um 770–840)
- die *Vita Hludowici Imperatoris* (Leben Kaiser Ludwigs) von Astronomus
sowie:
- die *Gesta normannorum ducum* (Taten der normannischen Herzöge) des Wilhelm von Jumièges (2. Hälfte des 11. Jahrhunderts)
- die *Vita Ludovici VI* (Leben Ludwigs VI.) von Suger von Saint-Denis (1081–1151)
- die *Gesta Philippi Augusti* (Taten Philipp Augusts) von Rigord (um 1160–1206) und Wilhelm dem Bretonen (um 1160–1226)

Aus den Quellen wurden die Annalen von Saint-Denis oder Lateinischen Chroniken von Saint-Denis (frz. *Chroniques de Saint-Denis*) zusammengestellt, die sich heute in der Bibliothèque nationale de France befinden, und die Basis der späteren *Grandes Chroniques de France* bilden."

Der Mönch der Abtei Saint-Denis (um 1390-1464) wurde 1437 zum offiziellen Geschichtsschreiber des Königs. [ebd.]

Die Abtei Saint-Denis war damit das Zentrum der mittelalterlichen Geschichtserfindung in Frankreich.

Auch in Frankreich wurde die scheinbare Lücke zwischen dem Ende der Merowinger im 7. Jh. (trad. Tod König Dagobert I. im Jahr 639) und Mitte 11. Jh., der zweiten von Byzanz veranlassten Chronologieänderung, durch fiktive Geschichte geschlossen. Der erste Abschnitt bis in das 10. Jh. durch das Konstrukt der Karolinger und der folgende Abschnitt durch den Aufstieg und die Herrschaft der Kapetingerdynastie, ebenfalls ein Konstrukt.

Wie in Deutschland ist auch die französische Geschichte nach 1050 bis weit in das 12. Jh. hinein ebenfalls konstruiert. Das von mir vorgestellte Szenario des zeitweisen Versiegens der Schriftkultur im Frankenreich gilt natürlich genauso für den westlichen Reichsteil, das spätere Frankreich. Auch dort gibt es keine zeitgenössischen Schriftquellen für die Zeit nach den Merowingern bis in das 12. Jh. hinein. Auch in Frankreich wurde Geschichte nachträglich erschaffen.

Auch für Frankreich hat ARNDT ein konstruiertes System der Herrschernamen von 929, dem Tod von dem Karolinger, Karl III, (dem Einfältigen), bis 1322, dem Beginn der Herrschaft von Karl IV., feststellen können, wobei die Struktur nicht ganz so deutlich ausgeprägt sei wie die des römisch-deutschen [ARNDT 2015, 74].

Nach Karl IV. folgt mit Philipp VI. der erste König aus dem Haus Valois, angeblich ein Seitenzweig der Kapetinger. Philipp VI. war der Sohn des Dynastiegründers Karl I. von Valois. [ebd., 74f] Die Merkwürdigkeiten bei den Königsnamen gehen sogar bis 1515 [ebd., 76], so dass auch die Liste der Herrscher nach 1322 bis 1515 konstruiert sein muss.

Und die tatsächliche Ereignisgeschichte in Frankreich? Ich gehe - wie schon für Deutschland - davon aus, dass nach dem Tod Dagobert I. (639 = 1057 u. Z.), der die Gesamtherrschaft im Frankenreich innehatte, sich keine neue Zentralgewalt mehr etablieren konnte. Lokale Adelsgeschlechter hatten im gesamten Frankenreich schon unter den Merowingern einen enormen Machtzuwachs erlebt. Es bestand von deren Seite sicher kein Interesse an einer neuen Zentralgewalt, die ihren Handlungsspielraum eingrenzen könnte. Wie für Deutschland ist auch für Frankreich von einem Interregnum auszugehen. Die anarchischen Verhältnisse eines Interregnums wurden wie in Deutschland erst beendet, als die mächtigsten Territorialherren zur Durchsetzung ihrer Interessen sich gegenseitig ins Gehege kamen. Die bisherige Lösung von Konflikten mit Gewalt brachte die Gefahr der eigenen Vernichtung. Erst jetzt akzeptierten sie eine Ordnungsmacht - ein neues Königtum, natürlich mit eingeschränkten Befugnissen.

Ich sehe das Ende des Interregnums mit der Wahl von Philipp VI. aus dem Haus Valois 1328 zum französischen König.

Der notwendigen Geschichtskorrektur fällt damit neben den Karolingern auch die gesamte Dynastie der Kapetinger zum Opfer.

Und Paris? Im Spätmittelalter ist zweifellos Paris die Hauptstadt Frankreichs.

Und davor? Chlodwig I. bestimmte im (merowingisch/spätantiken - MM) Jahr 508 Paris zur Hauptstadt des Merowingerreichs [Wikipedia].

Nach seinem Tod wurde das Reich unter den vier Söhnen aufgeteilt. "Childebert (Childebert I., trad. 511-558 - MM) bekam das Küstengebiet zwischen Somme und Loire (Bretagne, Normandie und Brie) mit Paris als Residenz sowie ein westliches Stück von Aquitanien." [Wikipedia]

"Chlodomer [erhielt] die Gebiete um die Loire sowie Teile der Kirchenprovinzen Sens und Tours, sowie den Norden Aquitaniens mit Poitiers und Bourges ... ; er selbst residierte in Orléans." [Wikipedia]

"Er (Theuderich I., trad. 511-534 - MM) erhielt den östlichen Teil, der die Champagne, die Auvergne, Teile Aquitaniens sowie die rechtsrheinischen Gebiete umfasste. Residenz soll Reims gewesen sein; dies ist allerdings nicht durch Quellenzeugnisse gesichert." [Wikipedia]

"Chlothar [erhielt] den quantitativ geringsten der vier Reichsteile, der jedoch die alten salischen Stammlande einschloss. Dieser umfasste Soissons, Laon, Noyon, Cambrai, Tournai, Thérouanne, Arras, Tongeren und Maastricht. Chlothar residierte in Soissons. Er erhielt ebenso wie seine Brüder sowohl einen Teil von Chlodwigs ursprünglichem Reichsgebiet zwischen Rhein und Loire als auch einen Teil des von Chlodwig erst später eroberten Aquitanien." [Wikipedia] Soviel zur Reichsteilung von 511.

Das Teilreich mit der Residenz Paris existierte angeblich nur bis 592. Dazu Wikipedia: "Paris war in der Zeit von 511 bis 592 eines der vielen fränkischen Teilreiche, wie so viele die durch die üblichen Erbteilungen der Merowinger entstanden sind. ... Der erste König Childebert starb ohne Nachwuchs, so dass der einzige überlebende Sohn von Chlodwig I., Chlothar I. den Reichsteil übernahm. Sein Sohn Charibert erhielt nach seinem Tod dann das Teilkönigreich. Dieser lebte aber nur sechs weitere Jahre, so dass seine überlebenden drei Brüder sich für eine gemeinsame Verwaltung von Paris entschieden, dass unter ihrem Großvater Chlodwig immerhin Hauptstadt des Reiches war. Nachdem aber Chilperich 575 endgültig Sigibert besiegt hatte, beendete er das Kondominium zwangsweise und verleibte Paris in sein Reich ein."

Nach dem Tod von Charibert I. sollen die Könige der drei Teilreiche Neustrien, Austrasien und Burgund vereinbart haben, "dass keiner von ihnen ohne Einwilligung der beiden anderen künftig Paris betreten sollte" [BLEIBER, 124]. Merkwürdiger geht kaum.

Noch eine Merkwürdigkeit hinsichtlich Paris: Als die fränkische Landeskirche begründet wurde und das Reich etwa um 1000 u. Z. dazu territorial in Bistümer aufgeteilt wurde (siehe unten *Die Kirche*), wurde Paris kein Bischofssitz. "Während des Mittelalters war es ein Suffraganbistum des Erzbistums Sens." [Wikipedia] Wieso gab es kein Altbistum Paris? (Als Altbistum bezeichne ich das Bistum, das schon bei der erstmaligen Aufteilung des Frankenreichs in Bistümer nach Begründung der fränkischen Landeskirche als solche festgelegt worden ist. Dass Paris seit dem 3. Jh. Bischofssitz ist [Wikipedia], ist ein allgemeines Missverständnis. Die antiken Bischöfe waren Vorsteher einer örtlichen Christengemeinde ohne territoriale, amtliche Befugnisse im Gegensatz zu den späteren, mittelaterrlichen Bistümern.)

Nimmt man die HEINSOHN-These zur Grundlage, sind beide Phänomene plausibel erklärbar, einmal das Ende von Paris als Hauptstadt/Residenz und zum anderen das Übergehen von Paris bei der ursprünglichen Bistumseinteilung.

Meine These: Paris wurde bei der globalen Naturkatastrophe um 940, das ist merowingisch/spätantik um 522, fast vollends zerstört, so dass die Stadt als Residenz nicht mehr tauglich war. Die Naturkatastrophe, die ich für eine gewaltige Überschwemmung halte (siehe [MEISEGEIER 2019-1, 262ff]), zerstörte die vorzugsweise an den Flüssen angelegten Städte und Siedlungen, hier das an der Seine gelegene Paris.
Das Leben im ehemaligen Stadtgebiet organisierte sich erst nach und nach wieder. Um 1000 u. Z., als die Bistumsorganisation stattfand, war Paris keine für ein Bistum taugliche Siedlung. Erst ca. 100 Jahre später hatte sich die Stadt wieder erholt. Erst dann entsteht z. B. der Vorgängerbau von Notre-Dame.
Die merowingische Herrschergeschichte um das Teilreich Paris ist konstruiert. Sie endete in Paris mit der Katastrophe von um 522/um 940.
Punktuelle Hinweise auf die Katastrophe finden sich auch in der traditionellen Literatur, z. B.: "Infolge tektonischer Vorgänge wuchs seit dem 3. Jahrhundert von Flandern bis Groningen die Gefahr der Überflutung. ... Überschwemmungskatastrophen, die nach 266 eintraten, führten vor allem in den bereits durch die Einfälle der Franken verheerten und weitgehend ungeschützten Mündungsgebieten von Maas und Schelde dazu, daß ausgedehnte Landstriche über längere Zeit unbesiedelt blieben." [BLEIBER, 12]

Genauso erging es dem Teilreich mit der Residenz in Orleans, das an der Loire liegt.

Wikipedia: "Nachdem Chlodomer schon 524 seinerseits verstarb, eigneten sich seine immer mächtiger werdenden Brüder Chlothar I. und Childebert I. ab 532 das Reich an. Childebert übernahm dabei die ehemalige Hauptstadt Orleans. Die ersten acht Jahre nach dem Tod Chlodomers hatte seine Mutter Chrodechild stellvertretend für ihre drei Enkel geherrscht. Die beiden älteren wurden aber von ihrem Onkel Chlothar ermordet, der Jüngste konnte gerettet werden und wurde in ein Kloster verbracht. Bei der Reichsteilung von 561 bekam Guntram die Stadt Orleans samt dem eroberten Burgunderreich zugesprochen. Zwar behielt die Stadt anfangs ihre Bedeutung als Hauptstadt, jedoch wurde wegen des bedeutend größeren und kulturell ausgeprägteren Teil Burgund, nun vom fränkischen Teilkönigreich Burgund gesprochen. Nach wenigen Jahren verlagerte Guntram zudem seine Residenz nach Chalon-sur-Saône."

Das Todesjahr von Chlodomer 524 liegt schon sehr nahe am Jahr der Katastrophe um 522. Dass Chlodomer in der Katastrophe sein Leben ließ, ist damit natürlich nicht zwingend, zumal auch die Herrschergeschichte der Merowinger ein Stück weit konstruiert ist. Orleans Existenz als merowingische Residenz hörte nach der Katastrophe einfach auf. Auch Orleans benötigte weit mehr als 100 Jahre, um wieder als Stadt zur Kenntnis genommen zu werden.

Auch Orleans war wie Paris ein Suffraganbistum des Erzbistums Sens, m. E. jedoch erst seit dem 12. Jh. Auch Orleans war kein sog. Altbistum. Für das Bistum des 3. Jh. gilt dasselbe wie für Paris.

Die Kirche

Die traditionelle Forschung schreibt die Begründung der römischen Reichskirche Kaiser Theodosius I. (trad. 379-95) zu, wogegen die neuere Forschung, u. a. auch BEAUFORT, eher Justinian I. diesbezüglich als Protagonisten sieht. Ich habe ich mich der neueren Forschungsmeinung angeschlossen, wonach Kaiser Justinian I. (trad. 527-565) den

29

Katholizismus zur Reichsreligion erhob und die römische Reichskirche begründete. In [MEISEGEIER 2017, 9ff] habe ich dazu etwas mehr ausgeführt.

Der Katholizismus war damals eine von mehreren nebeneinander existierenden christlichen Glaubensgemeinschaften. Die korrigierten Herrscherdaten von Justinian I. sind 945-983, d. h. er herrschte im späten 10. Jh. Alle anderen christlichen Glaubensrichtungen erklärte Justinian danach für ketzerisch bzw. arianisch.

Im Prinzip gleichzeitig übernahmen sowohl das Frankenreich als auch Sachsen den Katholizismus als verbindliche Religion für ihre Herrschaftsgebiete und begründeten ihre ursprünglich vermutlich völlig eigenständigen Landeskirchen. Diese sofortige Übernahme des Katholizismus durch die Franken als auch durch die Sachsen ist mit ihrem, von mir angenommenen Status als *foederati* nachvollziehbar.

Diese Landeskirchen kannten anfangs noch keine Oberherrschaft eines Papsttums, welches sich erst etwas später herausbildete. Diese erste, frühe Kirchenorganisation war das Eigenkirchenwesen. Ihre Gliederung entsprach der Gliederung der feudalen Gesellschaft in Lehnsherren und Vasallen, an oberster Stelle der König. Die adligen Grundherrn hatten das Recht, Kirchen zu gründen und zu betreiben, was sich zu einem relativ lukrativen Geschäftsmodell entwickelte, wobei die Religion meist nur Mittel zum Zweck war. Für die kirchliche Aufsicht wurde das Herrschaftsgebiet in Bistümer unterteilt und Bischöfe eingesetzt, die jedoch keinerlei wirkliche Befugnisse hatten.

Diese Situation fand das sich in der ersten Hälfte des 11. Jh. herausbildende Papsttum vor. Als Keimzelle des Papsttums sehe ich das Patriarchat Rom, eines der fünf von Justinian I. im 10. Jh. gegründeten Patriarchate zur Organisation der Reichskirche neben Konstantinopel, Alexandria, Jerusalem und Antiochia. Wikipedia: "Die Patriarchate waren untereinander ranggleich und standen zueinander in einer festen Ehrenordnung, deren Spitze Rom mit den Gräbern der Apostel Petrus und Paulus als Primus inter pares bildete."

Nach meiner Auffassung ist die Ranggleichheit mit dem Vorrang von Rom eine spätere Interpretation der römischen Kirche. Das Patriarchat Konstantinopel, wo sich die Residenz Justinians I. befand, dürfte die Vorherrschaft zunächst innegehabt haben. Wollte die römische Kirche die Herrschaft über die Christen im Westen ausüben, musste sie sich zuerst von diesen Fesseln befreien. Im sogenannten Streit um den Ostertermin ging es in Wirklichkeit um die Befreiung aus dieser Vormundschaft. Dieser Befreiungsschlag gelang letztendlich 1054 mit der Trennung von Ost- und Westkirche. Erst danach hatte die römische Kirche, deren Bischof jetzt als Papst "firmiert", den Rücken frei, um sich um die Belange im beanspruchten Herrschaftsbereich zu kümmern.

Wollte das Papsttum seinen Anspruch, das Oberhaupt der Kirche im Westen zu sein, verwirklichen, so musste es diese vorangegangene Entwicklung stoppen und eine neue Kirchenorganisation installieren, in deren Hierarchie das Papsttum in oberster Position stand. Natürlich ging das nicht konfliktlos vonstatten. Diese Auseinandersetzung ist als Investiturstreit in die Geschichte eingegangen, der allgemein von 1076 bis 1122 datiert. Der desolate Zustand der Kirche infolge der weitgehend ökonomischen Ausrichtung des Eigenkirchenwesens spielte dem Papsttum in diesem Streit als Argumentationshilfe in die Hände.

Von der römischen Kirche wurde ein ganzes Maßnahmenpaket eingesetzt. Neben der ideologischen Auseinandersetzung (Investiturstreit) erfolgte die Gründung von Klöstern, die der Benediktinerregel folgten und die nicht mehr dem Bischof unterstellt waren, sondern direkt der römischen Kirche. Möglicherweise hatte diese Aktion ihren Ausgang in Cluny. Die traditionelle Geschichte stellt dieses Vorgehen als Reform bestehender Klöster dar, wobei ich in Cluny III die eigentliche Gründung des Benediktinerordens sehe (vielleicht das erste Kloster im ehemaligen Frankenreich), das an der Stelle einer schon bestehenden Kirche (Cluny I und II) errichtet wurde.

Kurze Zeit später wurden weitere neue Orden gegründet, denen leicht abweichende Regeln des Zusammenlebens zugrunde lagen und die ebenso direkt Rom unterstellt waren. Damit untergrub man die bestehende Kirchenhierarchie.

Eine weitere Maßnahme zur Infiltration war die Schaffung von Erzbistümern, ein vom Papst verliehener Ehrentitel (Residierende Erzbischöfe erhielten vom Papst ein über die Schulter zu tragendes Band, das Pallium.). Wichtiger waren natürlich die erweiterten Rechte wie z. B. die Gründung von Suffraganbistümern. Ich sehe die erstmalige Erhebung einzelner Bistümer zu Erzbistümern in der 1. Hälfte des 12. Jh.

Mit dem Ende der Merowingerherrschaft fiel im Frankenreich der König, das bisherige Kirchenoberhaupt, ersatzlos weg. Die Bistümer waren sozusagen herrenlos geworden, was diesen kaum missfallen haben dürfte, obwohl die Einflussnahme des Königs auf die "Geschäfte" der Bischöfe sicher gering war.
In diese "Lücke" sprang das Papsttum ein, vermutlich mit attraktiven Angeboten seitens Rom.
Ich sehe als eines der ersten, vielleicht das erste Erzbistum in Magdeburg, sozusagen als Einfallstor in die bestehende Bistumslandschaft.
Die Altbistümer Mainz, Köln und Trier wollten sicher auch in den Genuss der "römischen" Privilegien kommen und folgten nicht viel später. Eines dieser Privilegien war vermutlich die Erlaubnis zur Gründung von Suffraganbistümern. So sehe ich die Bistumsgründung in Würzburg als Suffraganbistum des Erzbistums Mainz im 12. Jh. (1161?).
Das dürfte den Durchbruch für das Papsttum bedeutet haben.
Vielleicht bemerkenswert ist, dass in Sachsen kein Erzbistum entstand. Die Bemühungen des Bischofs von Hildesheim (Azelin-Dom) schlugen letztendlich fehl. Die Altbistümer Hildesheim und Halberstadt wurden keine Erzbistümer. Sachsen hatte vermutlich noch sein kirchliches Oberhaupt in Person des sächsischen Königs/Herzogs, der natürlich kein Interesse hatte, Kompetenzen nach Rom abzutreten. Das Erzbistum Magdeburg war kein aus einem Altbistum erwachsenes Erzbistum. Es entstand sozusagen außerhalb der sächsischen Kirchenorganisation.
Am Ende konnte sich das Papsttum weitestgehend durchsetzen. Im Jahre 1179 wurde das Eigenkirchenrecht der

Laien in ein Patronatsrecht umgewandelt (Wikipedia). Das war das Ende des Eigenkirchenwesens, da nach dem Patronatsrecht der Zehntanteil des Grundherrn nunmehr dem Bischof zufiel.

Zur Durchsetzung der kirchlichen (päpstlichen) Interessen bis nach ganz unten erfolgte ebenfalls im 12. Jh. die Einführung des Pfarrsystems.

Meine Sicht der Entstehung des Papsttums im 11. Jh. widerspricht scheinbar der schriftlichen Überlieferung, z. B. dem *Liber Pontificalis*. Der *Liber Pontificalis* ist eine chronologisch geordnete Sammlung von Biographien der Päpste (Wikipedia) und entstand nach traditioneller Auffassung in seiner ersten Ausgabe um 530 mit Felix III. (526-530) als letzten Papst.

"Der Liber Pontificalis wurde im 6. Jahrhundert in mehreren Stufen aktualisiert und ab dem 7. Jahrhundert mehr oder weniger regelmäßig nach dem Ableben eines Papstes aktualisiert. Der ältere Text bricht im 9. Jahrhundert mit dem Pontifikat von Stephan V. (Papst) ab. Eine Neuredaktion des Buches begann im 12. Jahrhundert durch Kardinal Boso." (Wikipedia)

Den *Liber Pontificalis* in seiner ersten Ausgabe halte ich für eine weitgehend zuverlässige Quelle. Der o. a. Widerspruch lässt sich leicht auflösen. Mit der Verschiebung der Antike zuerst um 284 Jahre und dann noch einmal um 418 Jahre in die Vergangenheit (in Summe 702 Jahre) wurde auch die Auflistung der Päpste mit verschoben, da der *Liber Pontificalis* bereits in der Antike beginnt (nach Wikipedia ist Anterus 235/236 "der erste historisch eindeutig gesicherte Bischof von Rom"). Da der *Liber Pontificalis* keine direkten Jahreszahlen aufführt, sondern nur die Päpste und die Dauer der Pontifikate, wurde der gesamte Block verschoben. Die heute bekannten Datierungen der Pontifikate in der Papstliste sind später erfolgt. Die tatsächlichen Datierungen der Pontifikate - bezogen auf unsere gültige Chronologie - erhält man, indem man jeweils 702 Jahre hinzuzählt. Damit endet die erste Ausgabe des *Liber Pontificalis* im Jahr 1232.

ARNDT hat sich u. a. auch mit dem *Liber Pontificalis* befasst. Er kommt zu dem beachtenswerten Ergebnis, "dass die Papstliste von 685-1455 AD ganz offensichtlich aus Kopien vorangegangener Abschnitte sowie Konstruktionen besteht" [ARNDT 2015, 194]. Nach ihm scheint der Teilabschnitt 314-532 der von Fälschungen am wenigsten betroffene zu sein. Davor und danach sieht ARNDT eindeutige Indizien für eine "Konstruktion".

Die Päpste des 4. Jh. und großen Kirchenbauten Roms wie die Laterankirche und Alt-St.Peter (traditionell Anfang 4. Jh.) gelangen damit in das 11. Jh. (siehe dazu [MEISEGEIER 2017]).

Frühe Kirchenbauten alle fehldatiert

Ich erinnere noch einmal an HEINSOHN, der mit seiner These behauptet, dass die weströmische Antike von 0-230, die byzantinische Spätantike von 290-520 und das Frühmittelalter im "Norden und Nordosten" von 700 bis 930 zeitlich parallele Zeitabschnitte sind.
D. h. zwangsläufig, dass das Jahr 230 weströmisch = 520 spätantik = 930 frühmittelalterlich (= u. Z.) ist.
Konvertiert man die spätantike Datierung in u. Z. gelangt z. B. die Herrschaft Justinians I. in die zweite Hälfte des 10. Jh.
Wie ich bereits in meinen früheren Publikationen (siehe z. B. [MEISEGEIER 2017]) ausgeführt habe, sehe ich die Entstehung des monumentalen Kirchenbaus erst nach der Erhebung des Katholizismus zur Reichsreligion und der Begründung der Reichskirche durch Justinian I. in der zweiten Hälfte des 10. Jh.
Im Frankenreich und in Sachsen gründeten sich daraufhin die fränkische bzw. sächsische Landeskirche. Einen ersten Kirchenbau im Frankenreich bzw. in Sachsen kann es damit kaum vor der Jahrtausendwende gegeben haben, womit der generelle Beginn des Kirchenbaus nahe an die Romanik rückt.

Damit sind natürlich zu allererst die Bauten der Karolinger und die der Ottonen von der Falschdatierung betroffen, da ihre traditionellen Gründungsdaten vor der Jahrtausendwende liegen.
Ich gehe sogar noch weiter. Nach meiner Auffassung sind alle Bauten, die traditionell bis etwa Mitte des 12. Jh. datiert sind, vermutlich ebenfalls infolge der Streckung der frühen Kirchenbaugeschichte bis zurück in das 8. Jh. fehldatiert. Da das Zeitfenster des frühen Kirchenbaus um drei Jahrhunderte in die Vergangenheit gestreckt wurde, wurden die Bauten, die in diese drei Jahrhunderte datiert sind, dem Zeitraum des tatsächlichen Kirchenbaus entzogen. Damit wurde der Denkmälerbestand künstlich ausgedünnt, womit zwangsläufig die Beurteilung dieser architektonischen Phase zumindest eingeschränkt wurde.
Meines Erachtens sind von diesem Phänomen im ehemals ostfränkischen Teil des Frankenreichs die Frühromanik und die Hochromanik betroffen.
Die Phase der Spätromanik sehe ich dagegen weniger beeinträchtigt. Die architekturhistorische Entwicklung ab der späten Romanik, d. h. ab etwa 1160/70, bis in die Gegenwart erscheint mir einigermaßen schlüssig. Hier sehe ich keinen Korrekturbedarf. Möglicherweise hat das Wiederaufleben der Schriftkultur ein Überdecken der realen Kirchenbaugeschichte in dieser späten Phase ein Stück weit verhindert.

Auch in Frankreich wurde die Geschichte des Kirchenbaus in die Vergangenheit gestreckt. Während in Deutschland bereits in spätromanischer Zeit die Kirchenbaugeschichte mit der traditionellen Kunstgeschichte wieder einigermaßen konform ist, ist nach meiner Auffassung in Frankreich auch der gotische Kirchenbau von dieser Verzerrung betroffen. Vielleicht durch die gefälschten Schriftquellen des Abtes Suger von Saint-Denis, dessen angeblich zeitgenössische Baubeschreibung den aktuellen gotischen Bau von Saint-Denis in die erste Hälfte des 12. Jh. brachte, sind alle anderen gotischen Bauten von der Frühdatierung betroffen. Das führte dazu, dass auch die gotischen Kathedralen um ein Jahrhundert zu früh datiert sind.

Nur aufgrund dieser Verzerrung beginnt in Frankreich der gotische Kirchenbau ca. 100 Jahre vor Deutschland. In Wirklichkeit ist sicher von einem etwa gleichzeitigen Beginn der Gotik in Frankreich und Deutschland auszugehen, selbst wenn die Entwicklung des gotischen Baustils seinen Ursprung in Frankreich hat.

Die Folge ist natürlich, dass sämtliche reale Bauten bzw. Bauphasen, Umbauten, etc., die traditionell vor dem Jahr 1000 u. Z. eingeordnet sind, in die Zeit nach 1000 u. Z. müssen. Davon sind sämtliche "karolingische und ottonische Kirchen" betroffen. Weiterhin sind alle Bauten, die traditionell der Zeit zwischen 1000 u. Z. und 1160/70 u. Z. zugeordnet sind, hinsichtlich ihrer Datierung zu überdenken.

Hinsichtlich der Bearbeitung der Kirchen ist die Situation in Frankreich jedoch deutlich weniger komfortabel, verglichen mit Deutschland und der Schweiz. Hier gibt es keinen Katalog der vorromanischen Denkmäler, der die archäologischen Ergebnisse der einzelnen Bauten so aufbereitet wiedergibt - wenigstens ist mir ein solcher nicht bekannt. Mit Sicherheit gibt es eine vielfältige Spezialliteratur, die mir jedoch nicht zur Verfügung stand, abgesehen von der Sprachbarriere.
Aber ich denke, dass es trotzdem einen Versuch lohnt.

Traditionelle Datierungen

Die Frage stellt sich, ob die traditionellen Datierungen der Kirchenbauten bei der Neueinordnung in die Kirchenbaugeschichte ab 1000 u. Z. hilfreich sind?

Leider ist eine Umrechnung der traditionellen Datierungen wie ich sie für die frühchristlichen Kirchen und die spätantiken einschließlich merowingischen Bauten vorgeschlagen habe (siehe [MEISEGEIER 2017]) weder bei den karolingischen noch den ottonischen noch den salischen Datierungen möglich, da ihnen keine realen Datierungen zugrunde liegen. Sie basieren auf der konstruierten (erfundenen) Geschichte. Genauso in Frankreich. Dort sind darüber hinaus sogar die gotischen Bauten betroffen. Konkrete Baunachrichten gab es in der frühen Zeit nicht. Wirkliche Baugeschichte war damals völlig uninteressant. So stammt z. B. die erste Baunachricht für die Stiftskirche in Gernrode erst aus dem 15. Jh.

Erst das 19./20. Jh. interessierte sich für die eigentliche Baugeschichte der Kirchenbauten. Den Bauforschern damals blieb kaum eine andere Möglichkeit der erfundenen Geschichte konkrete Bauten bzw. Bauphasen zuzuordnen. Letztendlich bedeutet das, dass die traditionellen Datierungen der Kirchenbauten völlig wertlos für die wirkliche Baugeschichte sind. Nicht einmal eine zeitliche Abfolge der Bauten lässt sich aus ihnen ableiten.

Eine neue Romanik?

Obwohl die vorgeschlagene Neueinordnung zahlreicher Bauten unser Bild von der Romanik sicher klarer werden lassen, ist die Architektur- und Kunstepoche der Romanik nicht grundsätzlich neu zu sehen.

Für ihre Untergliederung und zeitliche Eingrenzung möchte ich jedoch einen alternativen, von der traditionellen Einordnung abweichenden Vorschlag unterbreiten:

ca. 1000 - ca. 1080   Vorromanik
ca. 1080 - ca. 1130   Frühromanik
ca. 1130 - 1160/70   Hochromanik
1160/70 - ca. 1250   Spätromanik

Als Phase der Vorromanik sehe ich die Suche nach einem Bautypus. In dieser Phase gibt es noch keinen festen

Bautypus, keine Bauskulptur. Der Heiligenkult beginnt sich zu entwickeln.

Die Kirchen dieser Phase sind ausschließlich Eigenkirchen. Die Kirchenorganisation, das Eigenkirchenwesen der fränkischen bzw. sächsischen Landeskirche, kennt noch keinen Einfluss der römischen Kirche, des Papsttums. Streng genommen sind die ersten Kirchen unter merowingischer Herrschaft (bis 1057) entstanden, also merowingische Kirchen.

In der Frühromanik festigt sich der Bautypus der Basilika mit zunehmenden Einfluss Roms. Es ist die Zeit des Investiturstreits und die beginnende Verdrängung des Eigenkirchenwesens durch die römische Kirche.

In der hochromanischen Phase hat sich die römische Kirche durchgesetzt. Das Eigenkirchenwesen wurde zunehmend durch das Patronatsrecht abgelöst. Es ist der Beginn der Entwicklung der Bauskulptur (Kapitelle, Tympana, Portale, Kreuzigungsdarstellungen). Ausstattung der Räume mit figürlicher Wandmalerei.

In der Spätromanik erfolgte eine Weiterentwicklung in allen Bereichen (Bauskulptur, Raumgefüge, Struktur, etc.). Dieser Phase gehören die monumentalen Kreuzigungsdarstellungen an, z. B. auch das Gero-Kreuz im Kölner Dom. Übrigens wurde vor Kurzem das Gero-Kreuz von ILLIG schon um ein Jahrhundert verjüngt und neu um 1070 datiert (ILLIG: Das Gero-Kreuz - aus 10., 11.oder 12. Jh.? [http://www.zeitensprünge.de/?p=411#more-411]), womit er jedoch immer noch weitere einhundert Jahre daneben liegt.

Die auf die Spätromanik folgende Gotik beginnt in Deutschland, aber auch in Frankreich um 1250, wobei erste, einzelne Elemente der Gotik sicher schon ab 1220/30 in den ansonsten noch spätromanischen Bauten erste Verwendung finden.

Ausgewählte Kirchenbauten

Bei der Auswahl der französischen Kirchenbauten beschränke ich mich auf die in der kunstgeschichtlichen Literatur seit langem bekannten, angeblich karolingischen Kirchenbauten. Eine wie in Deutschland mit der Kunst der Ottonen, Salier und Staufer zeitlich differenzierte Kunstgeschichte kenne ich aus Frankreich nicht. Vielleicht konnte man den erfundenen Kapetingern keine eigene Stilentwicklung zuschreiben.

Auxerre, St-Germain

Die ehemalige Abteikirche St-Germain wurde 1995 vom Kulturministerium als "Site d'intérêt national", als Ort von nationalem Interesse, erhoben, sozusagen ein Nationalheiligtum der Franzosen. Ein Rütteln an den Grundfesten dieses Denkmals kommt vermutlich einem Sakrileg gleich. Vielleicht ist das der Grund, dass die Krypta von St-Germain d'Auxerre die letzte der so genannten spätkarolingischen Umgangskrypten ist, die heute noch dem 9. Jh. widerspruchslos zugeordnet werden. Die üblicherweise im gleichen Atemzug genannten Krypten von Flavigny, von St-Philbert-de-Grand-Lieu und von St-Medard in Soissons sind auch in der etablierten Forschung schon im 11. Jh. angekommen (auch wenn bei deren, korrigierten Datierungen zweifelsohne eine neue Beurteilung angebracht ist).

Der Bedeutung des Baudenkmals entsprechend wurde bei der Untersuchung der Krypta ein großer Stab von allen möglichen Spezialisten angesetzt, der mit dem besten wissenschaftlichen Instrumentarium versehen das letzte Geheimnis des Bauwerks zu entschlüsseln beabsichtigte.
Abermals ist jedoch festzustellen, dass auf diese Art und Weise das wichtigste beabsichtige Ergebnis, die historische und kunstgeschichtliche Einordnung des Denkmals, nicht erreicht werden kann - vergleichbar einem Gemälde das aus einem Abstand von 1 cm nicht beurteilt werden kann. Alle

Akribie und Wissenschaft nützt nichts, wenn die vorherige Weichenstellung infolge der irrigen, aber sakrosankten Geschichte und Kunstgeschichte falsch ist. Im Gegenteil ist zu befürchten, dass der Irrtum durch die vermeintliche Wissenschaftlichkeit weiter zementiert wird.

Weitere prominente Beispiele für solche misslungene Forschung sind das Heilige Grab in Gernrode (siehe [MEISEGEIER 2018]) oder die Überreste der Editha in Magdeburg (siehe [MEISEGEIER 2019-1, 185ff]).

Der Stand der Forschung

Die Ursprünge der Abtei Saint-Germain reichen, wenn man den Quellen folgen will, weit zurück - bis in die römische Kaiserzeit.
Germain (auch Germanus von Auxerre), nach der Tradition der sechste Bischof von Auxerre, soll auf seinem Grundbesitz ein Oratorium für den Hl. Mauritius errichtet haben, wo er nach seinem Tod im Jahr 448 bestattet worden sein soll.
Dieses Oratorium, nach der offiziellen Webseite von Saint-Germain [http://www.auxerre.culture.gouv.fr/fr/] ein kleiner Saalbau mit eine Apsis im Osten, ist nach allgemeiner Auffassung die Keimzelle der späteren Benediktinerabtei.

Anfang des 6. Jh. soll Königin Chrodechilde, die Ehefrau von Chlodwig I., an der Stelle des Oratoriums eine erste Basilika errichtet haben.
Nach Auskunft der offiziellen Webseite sollen "mehrere Spuren des westlichen Abschlusses dieses Baus" archäologisch festgestellt worden sein. Der östliche Teil ist völlig unbekannt. Die Basilika soll etwa 50 m lang gewesen sein.

In karolingischer Zeit, genau 841, nach einer Wunderheilung eines Schwagers Ludwig des Frommen im Jahr 840, soll ein Neubau erfolgt sein, dessen Krypta 857 weitgehend fertig gewesen sein soll [Wikipedia].

Im Jahr 860 sollen die hl. Gebeine, die zwanzig Jahre zuvor ausgelagert worden waren, in den Neubau überführt worden sein. Die neue Kirche soll 865 mit der Weihe erst der *cryptae inferiores (sic)*, dann der cryptae superiores mit einer Länge von nun mehr als 100 Metern vollendet worden sein. [ebd.] "Ausgrabungen (1989-99) ergaben, dass im Westen als Anbau der basilikalen Fassade aus dem 6. Jahrhundert ein karolingischer Narthex (besser: Vorkirche - MM) entstand: Ein zweigeschossiges Sanktuarium aus übereinander liegenden Krypten." [MIESEN]

In der zweiten Hälfte des 12. Jh., nach Bränden im 11. und 12. Jh., erfolgten umfangreiche Renovierungsarbeiten am Langhaus, wovon nur der südliche Turm der romanischen Doppelturmfassade erhalten ist. Bis in 2,5 m Höhe erhalten geblieben sind auch Überreste einer romanischen Vorkirche vom Anfang des 11. Jh. [ebd.].

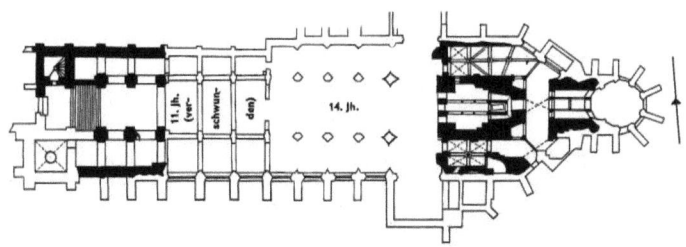

Auxerre, St-Germain, Grundriss aus [HUBERT/PORCHER/VOLBACH, 305]

1277 wurde der gotische Neubau begonnen, der jedoch 1398 unvollendet eingestellt wurde.

"Die architektur- und kunsthistorische Bedeutung von Saint-Germain gründet sich fast ausschließlich auf die erhaltene karolingische Krypta und deren erhaltene Fresken." [https://deu.archinform.net/projekte/11318.htm]

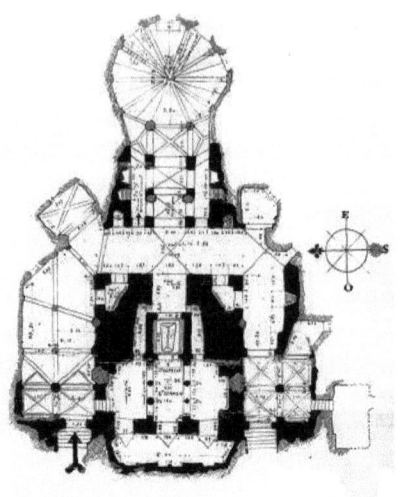

Auxerre, Krypta. Grundriss übernommen aus
[http://www.bourgogneromane.com/edifices/auxerre.htm]

Die erhaltene Umgangskrypta wird von CLAUSSEN wie folgt
beschrieben: "Das alte Prinzip der Ringkrypten - eine
Grabkammer als Zentrum und ein rings um sie herum
führender Gang - ist auch in Auxerre gewahrt. Doch erscheint
das überkommene Schema in großzügiger Erweiterung und
Abwandlung. An Stelle des einfachen Mittelstollens ist ein
kleiner Hallenraum als Gruft des heiligen Germanus getreten.
Der ihn umgebende Gang, der aus drei geraden, rechtwinklig
abbiegenden Trakten gebildet ist - dem Kryptenschema des
Sankt Gallener Planes entsprechend - öffnet sich im Scheitel
zu einem dreischiffigen Raum. Soweit man nach den
erhaltenen Resten urteilen kann, mündet dieser Raum an der
Ostseite in eine Rundkapelle. ...Die Seitentrakte des Umgangs
waren in Auxerre gerade so wie in Hildesheim über den
Mitteltrakt hinaus nach Osten verlängert und endeten in
Altarnischen. Zwei weitere schmale kapellenartige
Altarnischen mit geosteten Apsiden waren dem Umgang im
westlichen Teil angefügt, so daß insgesamt fünf Kapellen
staffelartig den Kryptenumgang umgaben.

Nach den Beschreibungen der Quellen, die von *cryptae subteriores* und *superiores* in der Germanuskirche berichteten, muß die Krypta ursprünglich zweigeschossig gewesen sein." [CLAUSSEN, 126]

Die östliche Rotunde soll über einen älteren Kultbau errichtet worden sein, dem Grabmonument der hl. Maxima, das man auf diese Weise in den Neubau einbezog [ebd., 126].

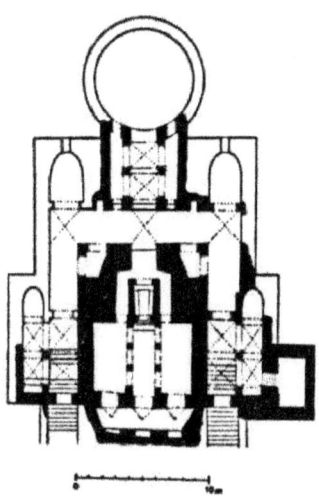

Auxerre, St-Germain. Krypta. Rekonstruktion, entnommen aus [CLAUSSEN, 126]

Die Gründungsgeschichte

Die Gründungsgeschichte um Bischof Germanus ist mit Sicherheit konstruiert.
Wikipedia: "Germanus von Auxerre (französisch Saint Germain, * um 378 in Auxerre; † 31. Juli 448 (oder schon 437) in Ravenna) war ein spätantiker Bischof. ... Die Hauptquelle zu seinem Leben ist ein Bericht von Constantius von Lyon."
Er wurde im Jahr 418 Bischof von Auxerre.

43

Zu beachten ist, dass die o. a. Lebensdaten spätantik sind. Korrigiert in die weströmisch-antike Datierung ist seine Geburt um 94 n. Chr. und sein Tod 164 bzw. 153 n. Chr. Bischof von Auxerre (*Autessiodurum*) wurde er dann im Jahr 134 n. Chr. Als antiker Bischof war er der Vorsteher einer christlichen Gemeinde. Solche hatten im Unterschied zu den späteren Bischöfen der römischen Reichskirche und der fränkischen Landeskirche keinerlei territorialen Befugnisse.

Die Überführung seines Leichnams nach Auxerre auf Veranlassung der Kaiserin Galla Placidia und seine dortige Bestattung wird bei Wikipedia mit keinem Wort erwähnt.

Diese Gründungsgeschichte wird allein dem Mönch Heiric von Auxerre "verdankt". Zu Heiric informiert die offizielle Webseite von Sait-Germain: "Er wird 841 geboren, vielleicht in Auxerre oder in der Region, da seine Eltern ihn um 848 der Abtei als Oblat anbieten. Er ist zuerst Schüler von Haymo, dann von Lupus von Ferrières und der Schule von Soissons, bevor er 865 zum Priester geweiht wurde.

Als er als Meister der Schule nach Auxerre zurückkehrte, schrieb er dort ein *Leben des Heiligen Germain*, mit dem eine Erzählung der dem Heiligen zugeschriebenen Wunder verbunden ist. Sein Tod kann zwischen 875 und 885 liegen."

Nach meiner Auffassung sind die Heiric zugewiesenen Schriften Pseudepigraphen aus späterer Zeit, vermutlich dem 12. Jh. im Zusammenhang mit der Installation des Heiligenkults um Germanus. Zu diesem Zweck erfolgte auch die Verknüpfung mit der historischen Person des Bischofs Germanus.

Natürlich ist auch die Gründung eines Mauritius-Oratoriums durch Germanus reine Erfindung. Die Legende um die Märtyrer der Thebäischen Legion mit Mauritius als Anführer entstammt erst späterer Zeit, m. E. dem späteren 11. Jh.

Das Bistum Auxerre

Das Bistum Auxerre soll bereits im 3. Jh. gegründet worden sein. Erster Bischof soll Peregrinus von Auxerre gewesen sein. Seit dem Ende des 4. Jh. soll das Bistum dem Erzbistum Sens als Suffraganbistum unterstellt gewesen sein. Soweit Wikipedia.

Leider hat auch der Verfasser des Wikipedia-Artikels den Unterschied zwischen einem antiken Bischof und dem späteren mittelalterlichen Bistum nicht erkannt. Es gab im Prinzip kein antikes Bistum. Ein antiker Bischof war der Vorsteher einer örtlichen Christengemeinde ohne territoriale Zuständigkeit. In einer antiken Stadt konnte es durchaus auch mehrere Christengemeinden mit jeweils eigenen Bischöfen gegeben haben.

Dagegen waren die spätantiken Bistümer der römischen Reichskirche und die mittelalterlichen Bistümer der fränkischen (und sächsischen) Landeskirche kirchliche, territoriale Verwaltungseinheiten, deren Bischöfe für die Belange der Kirche in diesen Territorien zuständig waren.

Die Unterstellung unter das Erzbistum Sens, wenn auch nicht seit dem 4. Jh. sondern erst seit dem 12. Jh. (siehe [MEISEGEIER 2019-1, 180ff]), legt nahe, dass Auxerre kein Altbistum war, es also bei der Begründung der fränkischen Landeskirche um 1000 u. Z. nicht als eigenständiges Bistum bestimmt wurde.

Auxerre liegt am Fluss Yonne. Vielleicht trifft hier dasselbe zu wie bei Paris und Orleans, die nach meiner Auffassung in der Katastrophe um 940 u. Z. verwüstet wurden und deshalb als Bistumssitz um 1000 u. Z. nicht in Frage kamen. Auch Paris und Orleans waren übrigens Suffraganbistümer des Erzbistums Sens.

Versuch einer alternativen Rekonstruktion

Die erste Kirche, der kleine Saalbau, dürfte eher eine Eigenkirche eines Grundherrn gewesen sein, der vielleicht in dieser bestattet wurde. Ich sehe diese kleine Kirche um die Mitte des 11. Jh.

Möglicherweise ist zu späterer Zeit die Bestattung als die des Bischofs Germanus angesehen worden, vermutlich im Zusammenhang mit dem Nachfolgebau.

Die Basilika der Chrodechilde, angeblich aus dem Beginn des 6. Jh. erachte ich für einen Irrtum. Sie dürfte kreiert worden sein, weil die Schriftquellen derartiges "berichten". Nach meiner Auffassung gehören die archäologisch festgestellten "Spuren" zum Langhaus des nachfolgenden Neubaus.
Warum sollte die Ehefrau von König Chlodwig I., der in Paris residierte, in dem abgelegenen Ort Auxerre eine Kirche errichten? Ihre burgundische Herkunft dürfte kaum als Grund herhalten. Auch halte ich einen Kirchenbau schon zu ihrer Lebenszeit († 544 = 962 u. Z.) für ausgeschlossen.

Die angeblich karolingische Kirche sehe ich als ersten Großbau an dieser Stelle. Zu ihm gehört die Umgangskrypta mit der Scheitelkapelle, das vorgenannte Langhaus und die bei den Grabungen 1989/99 entdeckte Vorkirche.
Die Bezeichnung der Klosterkirche als Abteikirche suggeriert eine Unabhängigkeit des Klosters vom zuständigen Bischof, die ich jedoch nicht sehe. Dass sowohl St-Germain als auch die Kathedrale St-Ètienne miteinander verbunden waren, ist aus dem Patrozinium St-Ètienne der Kapelle im Eingangsbereich der Krypta von St-Germain zu vermuten. Ich halte die Gründung von St-Germain für ein bischöfliches Eigenkloster.

Wann wurde dieser Bau errichtet? Da die Karolingerzeit wegen Nichtexistenz als Bauzeit nicht infrage kommt, wäre ein alternativer Zeitraum für die Errichtung dieses Baus zu finden. Ich denke, dass es dafür hinreichende Anhaltspunkte gibt.
Zunächst die Krypta: Der zwar relativ breite, tonnengewölbte Winkelgang mit dem nach Westen abzweigenden Mittelstollen ist noch deutlich zu erkennen. Der Sarkophag, der die heiligen Gebeine enthält ist sichtbar aufgestellt. "Das Gewölbe weist noch zwei Oculi oder Fenestella auf, die bis ins 18. Jahrhundert mit dem Chor kommunizierten." [http://www.bourgogneromane.com/edifices/auxerre.htm]

Die Gestaltung des Heiligengrabes mit der Präsentation des Sarkophags ist nicht ursprünglich. Unter dem Aufstellungsort des Sarkophags ist ein relativ tiefer Schacht vorhanden. Nach der Tradition sollen die kostbaren Reliquien während der Normanneneinfälle des 9. Jh. dort unter einem Sarkophag versteckt gewesen sein. Erst danach sollen die Gebeine in den Sarkophag verbracht worden sein, der jedoch ursprünglich tiefer stand. Das Gewölbe, auf dem der Sarkophag heute steht, soll erst im 17. Jh. errichtet worden sein. [de NARBONNE, 39], siehe auch [http://www. bourgogneromane.com/edifices/ auxerre.htm]

Die Normanneneinfälle hat es nie gegeben, weshalb diese Begründung entfällt. Auch de NARBONNE [ebd., 39] hält es für möglich, dass dieser Passus nur eine Legende ist.

Gab es vielleicht einen älteren Bauzustand mit den Gebeinen in einem Bodengrab, dem Schacht, das als Altargrab für den Hauptaltar im darüber befindlichen Chor fungierte?

Die Zugangsstollen sind im Eingangsbereich hallenartig aufgeweitet. Westlich des Aufstellungsorts des Sarkophags ist ein dreischiffiger Raum angefügt, dessen Tonnengewölbe sich auf zwei von Stützen getragenen Architraven abstützen. Im Westen verbindet ein tonnengewölbter Quergang die drei Schiffe. Zugänglich sind diese Räumlichkeiten nur durch sehr schmale Gänge vom Mittelgang bzw. eine schmale Treppe von der nördlichen Eingangshalle. Für größere Besucherströme waren diese Zugänge nicht geeignet.

Im Osten, gegenüber dem Mittelgang, gibt es einen breiten, dreischiffigen Durchgang zur gotisch veränderten Scheitelkapelle, die aufgrund des nach Osten abfallenden Geländes doppelgeschossig angelegt ist. Der Zugang zur unteren Kapelle ist heute im nördlichen Schiff des Durchgangs angeordnet.

Die Winkelgangkrypta diente zum einen dem Zugang zum Heiligengrab und zum anderen dem Zugang zur Scheitelkapelle. Die sehr differenzierte Raumgestaltung der Krypta verweist eindeutig auf eine spätere Entstehungszeit. Sie wird zu Recht mit der Umgangskrypta in Hildesheim oder der in Halberstadt verglichen. Beide Krypten habe ich in die erste Hälfte des 12. Jh. datiert.

Die Identifizierung der Scheitelkapelle als ein Grabmonument der hl. Maxima (nach CLAUSSEN - siehe oben) teile ich nicht, wenn auch die obere Kapelle heute der hl. Maxima geweiht ist (Die untere entsprechend dem hl. Clemens).
Ich halte derartige Scheitelkapellen generell für eine Verehrungsstätte für die hl. Maria. Die Marienverehrung kommt erst Anfang des 12. Jh. auf. Das Aufkommen von Marien- und Liebfrauenkirchen im 12. Jh. widerspiegelt dieses Bedürfnis. Für die damals vorhandenen großen Kirchen musste eine zusätzliche repräsentative Verehrungsstätte geschaffen werden. Ein einfacher Patrozinienwechsel ging nicht, da der bisherige Patron nicht ohne weiteres zurückgesetzt werden konnte. Die Scheitelkapelle war ein geeigneter Ort. Die Zugänglichkeit vom Kircheninneren konnte über den Umgang erreicht werden. So konnte das Gebet am Altar der Maria in den Stationsgottesdienst einbezogen werden. Durch die Scheitellage und das separate Bauwerk war der Bedeutung Marias ausreichend Rechnung getragen.
Ein weiteres Indiz für die Errichtung der Kirche nach 1100 sehe ich in der ergrabenen Vorkirche. Wie in [MEISEGEIER 2019-1, 67] ausgeführt, sehe ich bei den Vorkirchen eine Entwicklungslinie von den burgundischen Vorkirchen in Romainmôtier (heute Schweiz) und St-Philibert in Tournus über Halberstadt (Dom) bis St. Peter und Paul in Hirsau und Paulinzella. Vermutlich gehört auch Lorsch in diese Reihe (siehe [MEISEGEIER 2019-2, 180f]). Die Vorkirche von Vezelay, errichtet in der ersten Hälfte des 12. Jh., gehört natürlich auch in diese Reihe.
Die m. E. früheren Vorkirchen in Romainmôtier und in Tournus waren zweigeschossig und in beiden Geschossen überwölbt.

Dass es zwei ausgeführte Vorkirchen nacheinander gab, muss ich anzweifeln. Vermutlich liegt hier ein Irrtum der Ausgräber vor. Die mittelalterliche Praxis der vorherigen Anlage der Fundamente/Grundmauern und die spätere Aufführung des aufgehenden Mauerwerks, meist mit Materialwechsel und oftmals mit konzeptionellen Änderungen in der Ausführung, hat die Bauforscher vielfach schon irritiert und sie veranlasst, mehrere Bauten auf dem gleichen Grundriss zu rekonstruieren. So z. B. bei der Stiftskirche in Quedlinburg (siehe [MEISEGEIER 2019-1, 90f und 111]), wo u. a. aufgrund des Materialwechsels statt ein Langhaus drei(!) aufeinander folgende Langhäuser rekonstruiert worden sind. Übrigens gehören die in den Quellen vorhandenen Beschreibungen der *cryptae subteriores* und der *cryptae superiores* vermutlich zur Vorkirche und nicht zur Krypta wie CLAUSSEN annahm, womit ihre Vermutung, dass die Krypta zweigeschossig gewesen sein muss, obsolet ist. Gewölbte Räume wurden in alten Quellen undifferenziert ebenfalls als *cryptae* bezeichnet. Eine eindeutige Definition einer Krypta gab es nicht.

Es gibt noch einen Hinweis für die spätere Entstehung des Baus. Traditionell erfolgte die Gründung des Benediktinerklosters um 725 [http://www.bourgogneromane. com/edifices/auxerre.htm]. Nach meiner These entsteht der Benediktinerorden jedoch erst um die Mitte des 11. Jh. (Cluny III) im Zusammenhang mit den Bestrebungen der römischen Kirche, die Oberhand über die fränkische Landeskirche zu erringen (siehe dazu [MEISEGEIER 2019-2, 25]), so dass alle Tochtergründungen, z. B. auch die sog. Reformorden (Hirsauer, Zisterzienser, etc.), zwangsläufig nach dieser Zeit anzusetzen sind.
Diesen zeitlichen Ansatz unterstützen die romanischen Reste der Klosteranlage (z. B. Kapitelsaal), die um 1160-1170 datiert werden [http://www.bourgogneromane.com/edifices/auxerre. htm]. Die Klostergebäude wurden i. d. R. frühestens parallel mit dem Kirchenbau errichtet.

In der Endkonsequenz ist es aus meiner Sicht eindeutig, dass die angeblich karolingische Kirche erst nach 1100, vermutlich jedoch noch in der ersten Hälfte des 12. Jh. errichtet wurde. Auch die so genannten karolingischen Malereien gehören zweifelsfrei in diese Zeit.

In der zweiten Hälfte des 12. Jh. begann man den Westbau durch einen "moderneren" Westbau, eine Doppelturmfassade zu ersetzen. Vermutlich wurde dieser Plan nicht komplett umgesetzt. Ob der nördliche Turm überhaupt begonnen wurde, ist m. E. fraglich. Die Planänderung zur Errichtung eines gotischen Baus dürfte die Ausführung des spätromanischen Westbaus gestoppt haben. Auch der gotische Bau wurde letztendlich nicht vollendet.

Die Kathedrale St-Étienne

Anzusprechen ist noch die Beziehung zur Kathedrale von Auxerre, St-Étienne (St. Stephan).
Der aktuelle gotische Bau (Baubeginn angeblich 1215) soll der fünfte Bau an dieser Stelle sein. Die vier Vorgängerbauten sollen aus dem 4. Jh., Anfang des 5. Jh., Ende des 9. Jh./Anfang des 10. Jh. und aus der ersten Hälfte des 11. Jh. stammen. [Wikipedia]
Über den Bau des 11. Jh. informiert Wikipedia, dass der Chor durch zwei flankierende Türme eingefasst war. dieser Hinweis auf sog. Chorflankentürme weist auf die Erbauungszeit nach 1100 hin. Chorflankentürme kommen generell erst ab bzw. nach 1100 auf.
Das älteste erhaltene Bauwerksteil ist die Krypta, angeblich um 1030 erbaut.

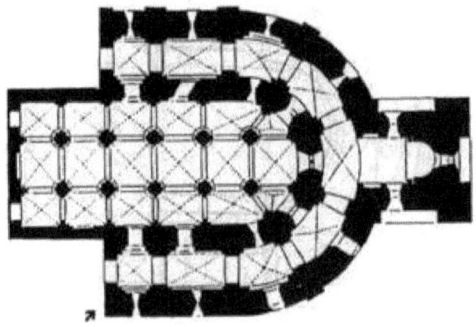

Auxerre, Kathedrale St-Étienne. Krypta.
[http://www.bourgogneromane.com/edifices/auxerreCat.htm]

Mit meiner Neueinordnung der Krypta von St-Germain nah 1100 wäre die Krypta der Kathedrale älter als die von St-Germain. Dem ist nicht ganz so. Die Krypta der Kathedrale ist ebenso wie die deutschen Großkrypten in Speyer und Köln (St. Maria im Kapitol) zu früh datiert. Die Krypta der Kathedrale von Auxerre gehört eindeutig in die erste Hälfte des 12. Jh.

Die Datierung der frühen romanischen Bauten Frankreichs leidet unter demselben Dilemma wie die der romanischen Bauten in Deutschland. Sie sind alle zu früh eingeordnet (siehe [MEISEGEIER 2019-2, 28f]).

Die romanischen Wandmalereien in der Krypta sind m. E. ein weiterer Hinweis auf die spätere Entstehung der Krypta und damit des gesamten Baus.

Wikipedia: "Die Krypta besitzt bedeutende Fresken in der Scheitelkapelle. Ein sehr ungewöhnliches Fresko stammt aus der Mitte des 12. Jahrhunderts: „Christus auf einem weißen Pferd", umgeben von vier Engeln, ebenfalls auf Pferden. Die formale Grundlage dieser Szene ist ein großes juwelengeschmücktes Kreuz, das die gesamte Bildfläche bestimmt. ... Auf der Apsiskalotte der Kapelle findet sich eine weitere Wandmalerei, eine Maiestas Domini vom Ende des 13. Jahrhunderts."

Ich gehe davon aus, dass die Wandmalereien nicht später, sondern bauzeitlich aufgebracht wurden.

Auch mit der Neueinordnung der Krypta von St-Ètienne ist diese zwar nicht älter, aber doch etwa zeitgleich. Das ist sicher erklärungsbedürftig. Wie könne zwei so verschiedenartige Krypten gleichzeitig sein?

Die Erklärung ist relativ simpel. Die Kathedrale diente der bischöflichen Autorität und den repräsentativen Bedürfnissen des Bischofs. Dagegen diente St-Germain der Geldbeschaffung und hatte die Pilger aufs Tiefste zu beeindrucken. Immerhin präsentierte man die Reliquien eines Heiligen, der vermeintlich seit 700 Jahren tot war.

Als die Pilgerströme im 14. Jh. aufgrund der allgemeinen Situation als auch der Veränderung des Reliquienkultes nachließen und die Geldbeschaffung auf diese Weise mittels St-Germain nicht mehr funktionierte, wurde der Bau von St-Germain halbfertig eingestellt.

Flavigny-sur-Ozerain, Abteikirche St-Pierre

Eine weitere, wie St-Germain-d'Auxerre auch zu den spätkarolingischen Umgangskrypten zählende Anlage befindet sich in Flavigny-sur-Ozerain, ein kleiner Ort zwischen Dijon und Auxerre gelegen, nahe dem ehemals gallischen Oppidum Alesia (heute die Gemeinde Alise-Sainte-Reine), das durch die Schlacht zwischen Caesar und Vercingetorix 52 v. Chr. in die Geschichte einging.

Die traditionelle Baugeschichte

Nach der Legende soll bereits zur Zeit Chlodwigs ein erstes Kloster bestanden haben.
Um 722, angeblich zur Zeit der Herrschaft Theuderichs IV. (franz. Thierry IV.) und mit Unterstützung von Karl Martell, soll schließlich eine dem Hl. Præjectus (Prix), Bischof von Clermont (†676), geweihtes Benediktinerkloster durch Widerad (Widradus), den Grundherrn von Flavigny, gegründet worden sein. Die Gründungsurkunde soll 745 durch das Konzil von Autun gebilligt worden sein.
Im Jahr 755 sollen die Reliquien des hl. Præjectus in die Kirche übertragen worden sein.
Unter Abt von Egil von Prüm soll 864 oder 866 die Translation der Reliquien der hl. Reine, einer lokalen Märtyrerin des 3. Jh., von der Basilika Alise-Sainte-Reine in die Abteikirche erfolgt sein.
Die Überführung der Reliquien der hl. Reine (auch Regina) in die Abteikirche sollen den Neubau der Kirche veranlasst haben, dessen Weihe angeblich im Jahr 878 von Papst

Johannes VIII. vorgenommen wurde. Der Bau soll damals dem hl. Petrus geweiht worden sein. Zu dieser Zeit soll die Abtei dem Bischof von Autun übergeben worden sein.
Bereits 887 soll die Abtei durch die Normannen zerstört worden sein.
Eine umfangreiche Wiederherstellung soll zu Beginn des 11. Jh. erfolgt sein. Eine andere Informationsquelle berichtet abweichend von einem Neubau vor 1085.
Die Quellen erwähnen eine Translation der Reliquien des hl. Præjectus am Ende des 11. Jh.
Mit Einverständnis des Herzogs von Burgund erfolgte 1157 der Bau einer Klausur für die Abtei.

Ein Brand soll 1231 einen Teil der Kirche zerstört haben. Danach, in den Jahren 1230-1250, erfolgte der gotische Wiederaufbau. Soweit die traditionelle Baugeschichte nach [http://www.bourgogneromane.com/edifices/flavigny.htm] und [https://deu.archinform.net/projekte/11349.htm].

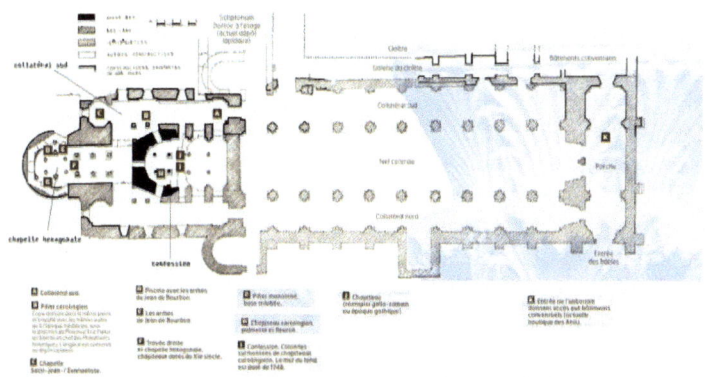

Flavigny, Abteikirche. Grundriss (Schautafel vor Ort)

Die heute noch vorhandenen Reste werden allgemein dem Bau des 9., 11. und 13. Jh. zugeordnet, wobei entsprechend einer Schautafel vor Ort die Apsis und die Stützen im Apsisrund der Innenkrypta vor 860 einordnet werden.

Die erhaltenen Baureste der Kirche

Von der ehemaligen Kirche sind nur einige fragmentarische Reste erhalten. Das sind im Untergeschoss die Chorapsis, innen halbrund und außen polygonal, einschließlich einer Innenkrypta (Confessio oder Krypta Sainte-Reine genannt) sowie der südliche, kreuzgratgewölbte Kryptenumgang, der im Osten in eine Kapelle (Kapelle des hl. Johannes Evangelist) mündet, sowie der Quergang östlich der Apsis. Der entsprechende nördliche Kryptenumgang wurde ergraben, so dass die Gesamtanlage ursprünglich einer Winkelgangkrypta ähnelte.

Im Scheitel der Innenkrypta führt ein schmaler Durchgang in den Kryptaquergang. Durch zwei weitere Öffnungen, nordöstlich und südöstlich im Apsisrund, ist die Innenkrypta mit dem Umgang räumlich verbunden (keine Durchgänge).

Von dem östlichen, nord-süd-gerichteten Quergang zweigte mittig ein dreischiffiger Durchgang nach Osten ab, der zu einer sechseckigen Chorscheitelkapelle (Notre-Dame-des-Piliers) führte. Diese soll im Ursprung karolingisch sein. Die heutige Bauteile sollen jedoch einer Wiederherstellung im 11. Jh. entstammen.

Von der Oberkirche sind die Südwand des Chores, westlich anschließend eine hohe, rundbogige Arkade und die östliche (spitzbogige) Arkade des Langhauses sowie der südliche Nebenchor einschließlich der Treppe aus dem Seitenschiff in Resten erhalten.

Der heutige Westabschluss der Innenkrypta soll von 1748 sein. Ursprünglich erstreckte sich die Krypta offenbar unter das gesamte Chorquadrat.

Jeweils nördlich bzw. südlich der Eingänge in die Krypta gab es ursprünglich Apsiden, die angeblich zu Kapellen gehörten, die den Bau im Osten flankierten.

Die Forschung rekonstruiert ein komplettes Obergeschoss über dem gesamten Kryptaumgang und über der Chorscheitelkapelle. Sie sieht in der Innenkrypta das Heiligengrab der hl. Reine und den Umgang als Zugang zu den hl. Gebeinen.

Alternative Rekonstruktion der Baugeschichte

Zunächst zur Gründungslegende. Die Regierungszeit Chlodwigs ist korrigiert in die weströmisch-antike Datierung 182-227 n. Chr. Zu dieser Zeit existierten weder die römische Reichskirche noch die fränkische Landeskirche, womit ein Kirchenbau in Flavigny zu dieser Zeit aus meiner Sicht unmöglich ist.

Der Adlige Widerad soll um 722 ein Benediktinerkloster gegründet haben. Den Benediktinerorden gibt es m. E. überhaupt erst seit der Mitte des 11. Jh., Klöster der Benediktiner frühestens seit dem Ende des 11. Jh. Bei der Annahme, dass die tradierte Datierung 722 spätantik ist, bestünde eine gewisse Wahrscheinlichkeit für die Richtigkeit dieser Nachricht. Das Jahr 722 entspräche dann dem Jahr 1140 u. Z. Zu dieser Datierung würde die Errichtung der Klausur ab 1157 passen, vielleicht auch die Translation der Reliquien des hl. Præjectus am Ende des 11. Jh.

Die Verknüpfung dieser Gründung mit Theuderich IV. und Karl Martell ist reine Erfindung. Beide Herrscher sind rein fiktive Personen.

Die Nachrichten über den Kirchenbau des 9. Jh. sind dagegen zweifelsfrei erfunden. Die Reliquientranslation der hl. Reine in die Abteikirche ist ebenfalls eine Erfindung.

Vage könnte ich einen Bezug zur Chorscheitelkapelle konstruieren. Wie oben ausgeführt, halte ich die Chorscheitelkapellen für Verehrungsstätten der hl. Maria. Könnte mit der hl. Reine nicht eine örtliche Heilige, sondern die Gottesmutter Maria gemeint sein? Für Maria ist u. a. auch der Name Reine gebräuchlich. "Die Kunst des Mittelalters verherrlichte die Krönung Marias zur Himmelskönigin durch

Christus in zahlreichen Darstellungen. Im Laufe der Zeit entstand eine Anzahl von Festen, die Maria als Königin des Himmels, der Engel, der Apostel usw. feierten." [https://heilige.de/de/heilige/ saints.1822.html] Ist die heutige Bezeichnung *Notre-Dame-des-Piliers* ein weiterer Hinweis?

Die in den Quellen auftauchende Zerstörung durch die Normannen hat es nie gegeben, da auch diese nur einem Geschichtskonstrukt entstammen. Letztendlich, die dem 11. Jh. zugewiesenen Bauteile dürften zum Gründungsbau der ersten Hälfte des 12. Jh. gehören.

Ich schlage eine abweichende Rekonstruktion der Baureste sowie der Baugeschichte vor:

Die ursprüngliche Konzeption war möglicherweise eine einfache dreischiffige Kirche mit einem etwa quadratischen, apsidial geschlossenen Chor, darunter liegender Krypta und einem Querhaus mit Nebenapsiden. Vermutlich noch vor Fertigstellung der kompletten Ostteile dieses Baus erfolgte eine Erweiterung um die Chorscheitelkapelle und ihrer Zugangsanlage, die angebliche Umgangskrypta.
M. E. wurde der Umgang nicht als Zugangsanlage zu einem Heiligengrab in der Innenkrypta, sondern ausschließlich als Zugangsanlage zu der der hl. Maria geweihten Chorscheitelkapelle errichtet. Die räumliche Verbindung zur Innenkrypta wurde nachträglich hergestellt, indem die vermutlich vorhandenen Fensteröffnungen erweitert wurden, die östliche zu einem Durchgang.
Die ursprünglichen Zugänge zur Innenkrypta erfolgten sicher vom Mittelschiff aus. Der westliche Teil der alten Innenkrypta wurde spätestens im 18. Jh. aufgegeben.
Die Innenkrypta barg mit Sicherheit nie ein Heiligengrab.
Die Errichtung der ersten Kirche sehe ich um 1100. Sie dürfte von Anfang an dem hl. Petrus gewidmet gewesen sein. Eine Übertragung von Reliquien irgendeines Heiligen sehe ich nicht. In einem solchen Fall hätte mit Sicherheit ein Patrozinienwechsel zugunsten dieses Heiligen stattgefunden.

Die Innenkrypta war eine normale Krypta, die sich nur unter dem Chorquadrat inklusive Apsis erstreckte. Solche Krypten sind im ausgehenden 11. Jh. und sicher noch Anfang des 12. Jh. z. B. auch in Deutschland häufiger anzutreffen. Die Krypta dürfte ursprünglich mit einem Altar ausgestattet gewesen sein bzw. ein solcher war vorgesehen.

Dieser ersten Bauphase gehören die Hauptapsis und die bis an das Westende des Chorquadrats reichende Innenkrypta an. Auch das sehr schmale Querhaus, das im Norden und im Süden mit einer hohen rundbogigen Arkade zum Mittelschiff geöffnet war, sowie die Nebenapsiden bzw. die flankierenden Kapellen zähle ich zur ursprünglichen Konzeption.

Vermutlich noch vor dem Abschluss der Ostteile erfolgte eine Planänderung hinsichtlich der Ergänzung um die der hl. Maria gewidmeten Chorscheitelkapelle und deren Zugangsanlage. Diese Maßnahme sehe ich im frühen 12. Jh.
Ob die gesamte Anlage bereits von Anfang an zweigeschossig war, möchte ich bezweifeln.

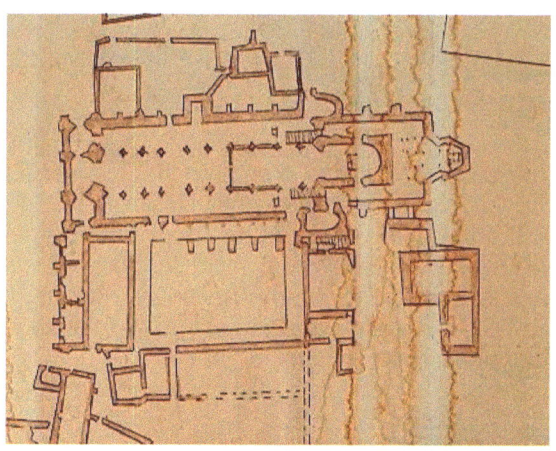

Flavigny, Alter Plan der Abtei (Ausschnitt) gemäß einer Schautafel vor Ort.

Ein alter Plan der Abtei zeigt anscheinend ein komplettes Obergeschoss oberhalb der Kryptenanlage, jedoch könnte der Ausbau durchaus später entstanden sein. Auf jeden Fall befanden sich oberhalb des südlichen - sicher auch des nördlichen - Kryptenumgangs von Anfang an Chornebenräume, d. h. diese Bereiche waren zweifelsohne zweigeschossig. Die Arkadenöffnungen im oberen Bereich der Chorwände lassen keinen anderen Schluss zu. Der Zugang zu diesen Nebenräumen erfolgte vom Chor wie der Plan von 1655 noch zeigt.
Die schmalen Treppen im Querhaus bzw. im Seitenschiff sind sicher später oder die Kapellen waren zu dieser Zeit bereits aufgegeben. Ihr unterer Treppenansatz hätte den Zugang zu den flankierenden Kapellen im schmalen Querhaus versperrt.

Möglicherweise trat nach der Errichtung der Ostteile eine Bauunterbrechung ein. Erst um 1230 wurde der Bau mit der Errichtung des gotischen Langhauses wieder aufgenommen und um 1250 fertiggestellt. Nach meiner Auffassung gab es kein romanisches Langhaus. Ansonsten hätten die Bauforscher irgendwelche Reste finden müssen.

St-Philbert-de-Grand-Lieu, Abteikirche

Die dritte im Bund der bekannten französischen, angeblich spätkarolingischen Umgangskrypten befindet sich in der Abteikirche in St-Philbert-de-Grand-Lieu, dem ehemaligen gallo-römischen Ort Déas, dieses Mal nicht in Burgund wie Auxerre und Flavigny, sondern weit im Westen bei Nantes, in der Region Pays de la Loire im Département Loire-Atlantique, nahe der Loiremündung in den Atlantik.

Die Gründungs- und frühe Baugeschichte

Die frühe Baugeschichte nach einem Faltblatt, das bei meinem Besuch in der Kirche auslag:

58

677	Gründung des Klosters von Noirmoutier durch den hl. Philibert
685	Tod des hl. Philibert und Beisetzung in einem Marmorsarkophag
800	Wikingereinfälle, u. a. in Noirmoutier
815	Anfang der Bauarbeiten am Kloster von Déas
836	Ankunft der Mönche von Noirmoutier in Déas mit dem Sarkophag des Philibert
847	Zerstörung des Klosters durch die Wikinger, die Mönche fliehen nach Cunault
858	Mönche kehren nach Déas zurück
858/875	Reise der Mönche bis nach Tournus im Burgund. Déas wird Priorei, abhängig von Burgund

Den nächsten Eintrag gibt es erst für das Jahr 1793 (!).

Ergänzend bzw. abweichend JACOBSEN: 858 flohen die Mönche erneut und gaben das Kloster bis auf weiteres auf. "875 fand ihre Odyssee ein Ende, als sie die Abtei Tournus in Burgund übernahmen. Von dort aus nahmen sie nach Ende der Normannenstürme um das Jahr 1000 auch ihr verlassenes Anwesen Deas wieder in Besitz." [JACOBSEN 1992, 290ff]

Bisherige Rekonstruktionen

Nach [MESNIER / BAUD / PAPIN] gab es in Déas einen ersten Kirchenbau, von dem noch einige bedeutende Reste vorhanden sind. Das betrifft im Wesentlichen das Querhaus, das ursprünglich nach Norden bzw. Süden über die Chorflucht ein Stück weit hinausragte.
Auch ein Teil der Nordwand des Langhauses soll aus dieser Bauperiode stammen.
Das ursprüngliche Langhaus soll sechs Joche und insgesamt 14 Pfeiler besessen haben [MESNIER / BAUD / PAPIN, 20]. MESNIER / BAUD / PAPIN zeigen einen rekonstruierten Grundriss von 815 mit einem sehr kurzen Langhaus (6 Joche?) und mit einer kleinen eingezogenen Hauptapsis direkt an der Vierung und zwei, noch kleineren Nebenapsiden

an den Querarmen. Ob dieser Grundriss wirklich archäologisch belegt ist, erfährt man nicht. Zweifel an dieser Rekonstruktion sind angebracht.

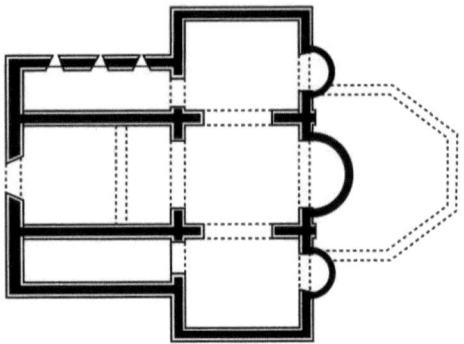

St-Philbert-de-Grand-Lieu, Bau von 815. Grundriss aus [MESNIER / BAUD / PAPIN, 28]

Die Rekonstruktion des westlichen Vierungsbogens ist angeblich sehr umstritten. "Tatsächlich konnten die Ausgrabungen die Existenz eines vierten Bogens nicht bestätigen, dessen Restauration daher hypothetisch ist." [MESNIER / BAUD / PAPIN, 22]
Die Phase datieren die Autoren in die Jahre 814-819.

836, mit der Translation des Sarkophags des hl. Philibert, erfolgte ein kompletter Neubau der Ostteile, bestehend aus einem Chorquadrat, einer gestelzten Apsis und der darunter angeordneten Heiligenkrypta, den Nebenchören, dem Kryptenumgang sowie der östlichen Kapelle, deren ursprüngliche Gestalt bis heute unklar ist. Dieser ganze Komplex wurde an das bestehende Querhaus angefügt.
Das neue Langhaus soll dann von 836-847 bzw. von 847-856 errichtet worden sein.
An dieser Stelle widersprechen sich möglicherweise die Autoren. Im Text datieren sie die Mittelschiffsarkaden nach

847, also noch in die karolingische Zeit (?), während im Plan entsprechend der Darstellung und Legende die Mittelschiffsarkaden in romanischer oder sogar erst in gotischer Zeit (époques romane et ogivale) errichtet wurden [MESNIER / BAUD / PAPIN, 30].

Die übrige Forschung ordnet das Langhaus offenbar den Baumaßnahmen des 11. Jh. zu.

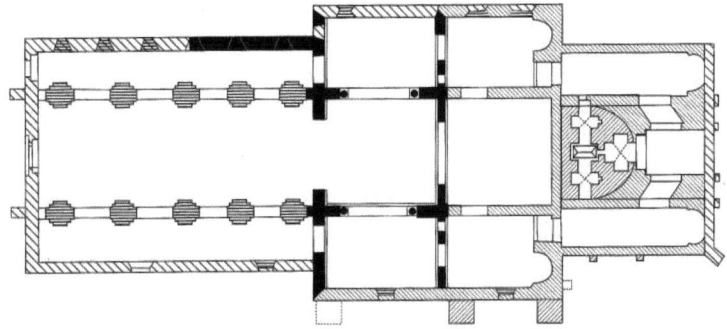

St-Philbert-de-Grand-Lieu, Grundriss aus [MESNIER / BAUD / PAPIN, 30]

JACOBSEN sieht den gesamten Bau im 11. Jh. "Einziger Überrest des älteren, nämlich karolingischen Baues dürfte - neben wenigen Mauerresten im unteren Bereich der Vierungspfeiler - der Kryptaquergang im Bereich der heutigen Apsis sein." [JACOBSEN, 292]

Alternative Rekonstruktion der Baugeschichte

Zuerst ein kurzer Blick auf die Ile de Noirmoutier, wo der hl. Philbert ein erstes Kloster gegründet haben soll. Von dem alten Kloster soll nur noch die Krypta aus dem 7. Jh.

61

existieren. Teile der Krypta sollen noch aus der Gründungsphase stammen [Wikipedia]. Die Kirche über der Krypta, die Pfarrkirche von Noirmoutier-en-l'Île, soll Ende des 11. Jh. erbaut worden sein. Vom Bau des 11. Jh. sollen Chor und Mittelschiff erhalten sein [ebd.].
Die Krypta ist eine dreischiffige, kreuzgratgewölbte Hallenkrypta mit vier Jochen. Die Zugänge von Norden bzw. von Süden befinden sich im westlichen Joch und münden in das Querhaus. Allein die Konzeption des Kryptenraumes verweist auf die erste Hälfte des 12. Jh., womit die Kirche auf der Ile de Noirmoutier jünger ist als der Kirchenbau in Déas.

Die Gründungsgeschichte sehe ich als Konstrukt an. Auch die Wikingerüberfälle hat es nie gegeben.
Dass die Mönche bis in das burgundische Tournus kamen und dort die Abtei übernommen haben sollen und später wieder zurückkehrten, ist ein phantasievolles Märchen, sicher nicht mehr. Vermutlich wurde die Verbindung später aufgrund desselben Patroziniums konstruiert.
Interessant ist vielleicht das Gründungsdatum 677. Möglicherweise ist das Datum eine spätantike Datierung, die korrigiert 1095 u. Z. lauten würde.

In diese Zeit datiere ich nämlich den Ursprungsbau von St-Philbert-de-Grand-Lieu. Vielleicht sind entgegen MESNIER / BAUD / PAPIN doch das Chorquadrat und die Apsis zum Ursprungsbau zu rechnen - wie z. B. in der Rekonstruktion von CLAUSSEN dargestellt, obwohl CLAUSSEN nur die Krypta zum Thema hat.

Meines Erachtens wurde der Bau mit den Ostteilen (Chor, Apsis, Querhaus) begonnen. Vom Langhaus waren sicher - wie offenbar im mittelalterlichen Kirchenbau vielerorts üblich - als bauvorbereitende Maßnahmen zunächst nur die Baufläche planiert und die Gründung gemäß der Grundkonzeption erstellt worden. Die aufgehenden Mauern sollten später entsprechend dem Baufortschritt errichtet werden.

Vermutlich noch vor Fertigstellung der Ostteile erfolgte eine Planänderung hinsichtlich der Anordnung des Heiligengrabes in der Apsis und einer Erweiterung um die Bauteile der Umgangskrypta. Veranlassung dürfte der Erhalt der Reliquien des hl. Philbert (oder Philibert) gewesen sein. Entsprechend der Tradition soll Philbert der Klostergründer gewesen sein. Könnte Philbert der Grundherr von Déas und damit der Eigenkirchenherr gewesen sein, der in der späteren Tradition irgendwie zum Heiligen wurde?

Die hl. Gebeine wurden in einem sog. merowingischen Sarkophag (trad. Ende des 7. Jh.) in einer im Prinzip unzugänglichen Grabkammer deponiert. Die merowingische Datierung des Sarkophags "Ende des 7. Jh." ist spätantik und würde korrigiert "Anfang des 12. Jh." lauten.

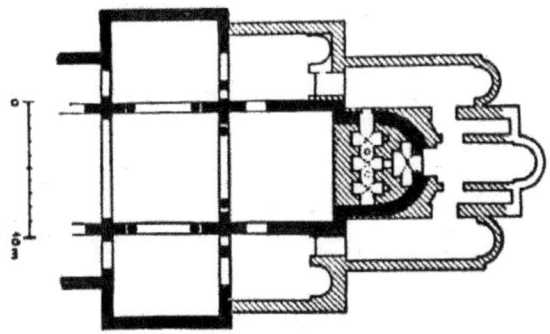

St-Philbert-de-Grand-Lieu, Grundriss aus [CLAUSSEN, 127], (bzgl. der Querhausarme vom Autor modifiziert)

Einsehbar war der Sarkophag von einem kleinen kreuzförmigen Raum östlich der eigentlichen Grabkammer, sozusagen dem abgewandelten Mittelstollen wie ihn einfachere Umgangskrypten aufweisen. Der Umgang um die Apsis war von den Nebenchören aus erreichbar, die damit Bestandteil des Umgangs wurden.

Unerklärlich sind für mich die beiden weiteren, nicht besetzten Grabkammern (?) nördlich und südlich des Heiligengrabes. Sollten dort eventuell weitere Sarkophage, z. B. für den Eigenkirchenherrn und seiner Gemahlin, untergebracht werden, was jedoch unterblieb? Ob die drei kurzen Grabstollen vom Schiff aus sichtbar waren, wie die heutige Rekonstruktion vorgibt, möchte ich bezweifeln. Vermutlich war die Chorabschlusswand geschlossen. Vielleicht gab es eine Einblicköffnung auf den Sarkophag im mittleren Grabstollen. Die seitlichen Stollen dürften sowieso durch die Treppen zum Chor verdeckt gewesen sein.

Im Scheitel des Umgangs, nach Osten ausgerichtet, befindet sich heute die Kapelle der hl. Anna. Ihre ursprüngliche Gestalt ist unklar. Ehemals soll die mittlere Kapelle von zwei weiteren Kapellen flankiert gewesen sein. Ob hier eine Art Chorscheitelkapelle vorhanden war, muss bei dem derzeitigen Kenntnisstand offen bleiben. Ist das Patrozinium St. Anna (Mutter der hl. Maria) eine spätere Abwandlung anstelle der hl. Maria?
Die Kürzung der Querhausarme auf die Breite des Chors (inkl. Nebenchöre) soll bereits im Zusammenhang mit diesen Baumaßnahmen erfolgt sein.
Die Erweiterung der Ostteile sehe ich im frühen 12. Jh.

Zur Ausführung des bereits angelegten Langhauses kam es m. E. zunächst nicht. Möglicherweise gab es eine längere Bauunterbrechung.

Vermutlich erst in der fortgeschrittenen zweiten Hälfte des 12. Jh. oder sogar erst um 1200 wurde das heute noch stehende Langhaus errichtet, wobei die ursprüngliche Konzeption des Langhauses verworfen wurde.
Das neue Langhaus wurde als separater, statisch eigenständiger Bau im Westen an das Querhaus angebaut. Offenbar vermied man es, mit der neuen Konstruktion die alten Bauteile zu belasten.
Die massiven Pfeiler (in einer der römischen Ziegeldurchschusstechnik ähnelnden Ausführung) sowie die

Lisenen, die über den Pfeilern nach oben führen, lassen vielleicht eine beabsichtigte Einwölbung des Langhauses vermuten, die jedoch letztendlich unterblieb.

Zusammenfassend erachte ich die Klosterkirche von St-Philbert-de-Grand-Lieu als eine Ende des 11. Jh. begonnene Eigenkirche, deren Bau mit ihren Ostteilen begonnen wurde. Nur kurze Zeit später wurden diese Ostteile für die Aufnahme von Reliquien des hl. Philbert zu einer komplexen Anlage erweitert.

Die Datierung des Gründungsbaus an das Ende des 11. Jh. unterstützt dessen Grundrissgestaltung. Der quadratische Schematismus ist noch nicht vollständig realisiert. Während das Chorquadrat in den Abmessungen mit der Vierung weitgehend übereinstimmt, sind die Querarme längsrechteckig. Auch ist das Mittelschiff anscheinend breiter als das Zweifache der Breite der Seitenschiffe. Darüber hinaus ist die Vierung noch nicht ausgeschieden, wobei ich unterstelle, dass die Rekonstruktion des Triumphbogens eine freie Interpretation ist.

Vielleicht ein weiterer Hinweis in der französischen Wikipedia: "1119 wurde die Gemeinde zu Ehren des Mönchs Philibert als Saint-Philbert-de-Grand-Lieu bezeichnet." Dagegen die deutsche Wikipedia: "Wann genau die Umbenennung in *Saint-Philbert-le-Grand Lieu* erfolgte, ist nicht bekannt; die erstmals belegte Erwähnung des neuen Ortsnamens entstammt einer Urkunde des Jahres 1258 (*Sanctus Phelibertus de Grandi Lacu*)."

"Im 11. Jahrhundert wurde von den Mönchen von Tournus an der Stelle von Déas ein Priorat gegründet, das dann von der Abtei von Tournus getragen wurde." [ebd.]

Die Verbindung zu St-Philbert in Tournus erachte ich für fraglich. Vielleicht ist sie ein späteres Konstrukt aufgrund desselben Patroziniums.

Tournus, Abteikirche St-Philibert

Das Kloster soll an der Stelle errichtet worden sein, wo der hl. Valerian bestattet war, der angeblich 178 in Tournus (*Castrum Tinurtium/Trenorchium/Ternocium*) den Märtyrertod fand.
Schon im 4. Jh. soll dort ein Oratorium bestanden haben. Im 6. Jh. soll dann durch den burgundischen König Gontran eine von den lokalen Mächten unabhängige Klostergemeinschaft gegründet worden sein. [http://www.bourgogneromane.com/ edifices/tournus.htm]
875 soll Karl der Kahle das bestehende Kloster und die Stadt Tournus den von der Insel Noirmoutier aufgrund der Normannenüberfälle geflohenen Mönchen geschenkt haben. Diese brachten die Reliquien des hl. Philibert mit. Die bestehende Kirche soll damals für das neue Kloster vergrößert worden sein.
937 sollen das Kloster und die Kirche zerstört worden sein. Die nach 949 wiederaufgebaute Kirche und das Kloster brannten 1007 nieder. Die heutige Kirche ist ein Wiederaufbau ab 1020, der 1120 durch Papst Calixt II. geweiht worden sein soll. Soweit die Ausführungen in Wikipedia (Benediktinerabtei Tournus).
Soweit die traditionelle Gründungsgeschichte bzw. besser Gründungslegende.

Bisherige Rekonstruktion der Baugeschichte

Die Kirche, eine dreischiffige, kreuzförmige Basilika mit Umgangschor und radial angeordneten Kapellen, Nebenapsiden am Querhaus, ausgeschiedener Vierung und Vierungsturm. Das Mittelschiff mit Quertonnen gewölbt.

Im Westen ist dem Langhaus eine dreischiffige, doppelgeschossige, gewölbte Vorkirche vorgebaut. Die Westfassade ursprünglich mit zwei stummelartigen

Turmaufsätzen. Der nordwestliche soll um 1150 zum Turm erhöht worden sein.

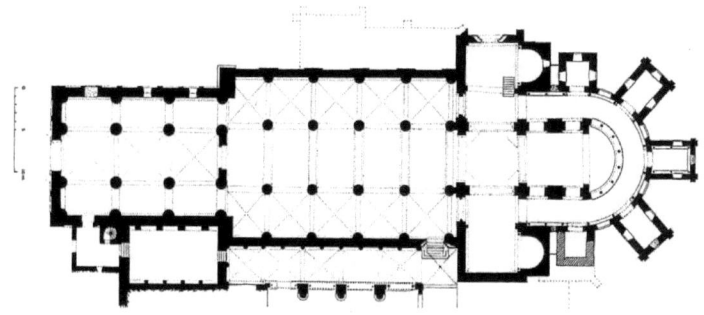

Tournus, Abteikirche St-Philibert. Grundriss der Kirche. Quelle: [https://journals.openedition.org/cem/docannexe/image /12103/img-11-small480.jpg]

Rekonstruktion nach Wikipedia (St. Philibert(Tournus)):
Danach ist die Krypta der älteste Teil der Kirche. Sie stammt ursprünglich aus dem Jahr 875 und wurde beim Bau des Umgangschores (um 975) angepasst und durch die Kapellen ergänzt.

"Hier steht der älteste erhalten gebliebene Umgangschor mit drei flach geschlossenen Radialkapellen, also mit Kapellen, die als einzelne Bauteile strahlenförmig an den Chorumgang angebaut sind. Aus diesen frühen Formen hat sich später der Kapellenkranz entwickelt ..."

Die Vorkirche soll um 1020 an die offenbar noch bestehende Kirche von um 950 angebaut worden sein, von der sogar noch deren Mauern im hinteren Teil der Kirche bis heute stehen. Die Westfassade wird offenbar nicht zur Vorkirche gerechnet. Sie soll im ausgehenden 10. Jh. errichtet worden sein und

"das früheste erhaltene Beispiel deiner Doppelturmfassade" sein. Die Erhöhung des Nordturmes erfolgte erst 1150.
Das Langhaus soll kurz nach der Vorkirche begonnen und 1019 geweiht worden sein.
Die Einwölbung des Mittelschiffs soll um 1050 begonnen worden sein, misslang jedoch zunächst. Erst ab 1070 wurden die Quertonnen als Notlösung errichtet.

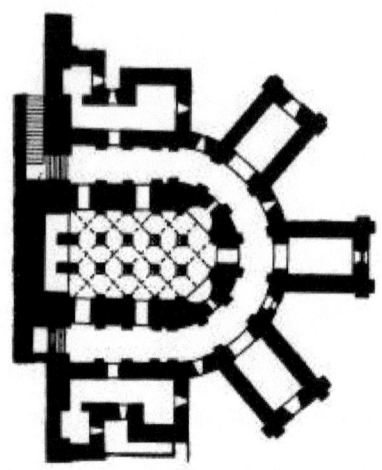

Tournus, Abteikirche St-Philibert. Krypta. Quelle: [http://www.bourgogneromane.com/edifices/tournus.htm]

Rekonstruktion nach der Webseite "Le site sur l'Art Romane en Bourgogne" [http://www.bourgogneromane.com/edifices/tournus.htm]:
Baubeginn der heutigen Kirche nach dem Brand von 1006/07. Möglicherweise reicht der zentrale Teil der Krypta bis in das 10. Jh. zurück.
In der Zeit von 1010-1020 wurden die Krypta und die unteren Teile des Umgangschores, die unteren Teile des Querhauses sowie die Wände und Pfeiler des Langhauses errichtet. Dieser Bau soll 1019 geweiht worden sein.

Die Vorkirche soll 1030-1040 im Westen an das bestehende Langhaus angebaut worden sein. Von 1066-1108 erfolgte dann die Einwölbung des Langhauses.
Die oberen Teile von Chor und Querhaus wurden schließlich 1110-1120 fertiggestellt.
Die Wiederweihe soll 1120 durch Papst Calixt II. erfolgt sein.
Im 12. Jh. wurden der Vierungsturm und der Nordwestturm errichtet.

Beide Rekonstruktionen unterscheiden sich etwas im Detail.

Eine weitere Quelle nennt den Grund für die Baumaßnahmen des 12. Jh. an den Ostteilen. Um 1100 soll ein erster Vierungsturm eingestürzt sein. Dabei wurden der Chor und das Querhaus beschädigt. Die Baumaßnahmen des 12. Jh. am Chor und Querhaus sind danach die notwendigen Reparaturmaßnahmen.
[https://deu.archinform.net/projekte/11371.htm]

Alternative Rekonstruktion der Baugeschichte

Die Gründungsgeschichte kann man völlig ausblenden. Sie beruht auf Pseudepigraphen und Fälschungen. Mit König Guntram I. (trad. 561-592) des merowingischen Teilreiches Burgund bewegen wir uns bereits um die Jahrtausendwende, da seine Herrschaftszeit korrigiert 979-1010 lautet, jedoch dürfte die Gründung einer Klostergemeinschaft durch ihn konstruiert sein. Die karolingischen Ereignisse sind frei erfunden. Auch die angeblich überlieferten Weihen 1019 und vermutlich auch 1120 sind Phantasiegebilde.
Das bedeutet jedoch letztendlich, dass wir keinerlei Schriftquellen zur Verfügung haben, auf die wir uns bei der Rekonstruktion der Baugeschichte stützen können. Allein der Kirchenbau muss uns Auskunft geben.
Zunächst zum angeblich ältesten Teil der Kirche - der Krypta.
Auch ich denke, dass man bei der Krypta zwei Bauphasen unterscheiden müssen.

Einer ersten Bauphase ordne ich die Innenkrypta zu. Diese ist eine dreischiffige, vierjochige Hallenkrypta unter einem Chorquadrat mit Apsis. Die Apsisrundung ist durch zwei Apsidiolen ausgehöhlt.

Diese Krypta dürfte zu einem ersten Kirchenbau gehört haben, dessen Chor noch keinen Chorumgang besaß. Diese erste Kirche war ein kreuzförmiger, flachgedeckter Bau mit einem quadratischen Chor mit Apsis sowie Nebenapsiden an den Querarmen. Das Langhaus bestand aus vier Quadraten; die Seitenschiffe waren vermutlich halb so breit wie das Mittelschiff und damit schmaler als die heutigen. Bis auf die Querarme folgte das Grundrissschema dem quadratischen Schematismus. Möglicherweise war die Vierung schon ausgeschieden. Für die Zugänge zur Krypta waren vermutlich ehemals in den Zwickeln zwischen Chor und Querhaus Eckbauten vorhanden, die die Treppen aufnahmen.

Aufgrund der Gesamtkonzeption, aber auch der Raumform der Krypta datiere ich diesen Bau um 1100 bzw. in den Beginn des 12. Jh. Diesem Bau wurde im Westen eine doppelgeschossige Vorkirche angefügt. Ich sehe derartige Vorkirchen in einer Entwicklungsreihe von der doppelgeschossigen Vorkirche (Romainmôtier, Tournus, Vezelay) über die reine Vorhalle (St. Peter und Paul in Hirsau, Paulinzella, Lorsch) bis zur ausgebildeten Doppelturmfassade. In [MEISEGEIER 2019-1, 67] hatte ich diesen Vorschlag erstmals formuliert.

Übrigens hatte die Kapelle St. Michael im Obergeschoss in der Ostwand eine ähnliche, in das Mittelschiff hineinragende Apsis wie sie in Romainmôtier noch vorhanden ist. Davon ist in Tournus nur noch der Umfassungsbogen, der sog. Gerlannusbogen übrig. Der Skulpturenschmuck an diesem Bogen weist auf eine Entstehungszeit etwa Mitte der ersten Hälfte des 12. Jh. hin.

Die Vorkirche in Tournus dürfte etwa zeitgleich mit der Kirche begonnen worden sein, d. h. um 1100 bzw. Anfang des 12. Jh. Im Untergeschoss der Vorkirche ist ein romanisches Fresko erhalten, das traditionell der ersten Hälfte des 12. Jh. zugewiesen wird. Damit ist es einfach bauzeitlich.

Vermutlich um die Mitte des 12. Jh. wurde der bestehende Chor zum Umgangschor umgebaut. In diesem Zusammenhang erhielt auch die Krypta zwangsläufig ihren Umgang, da dieser ja gegründet werden musste. Die alte Krypta wurde beibehalten. Die beiden m. E. etwas überdimensionierten Apsidiolen in der Apsis der Innenkrypta dürften damals angeordnet worden sein. Das erhaltene romanische Fresko in der südöstlichen Kryptenkapelle wird traditionell der zweiten Hälfte des 12. Jh. zugeordnet. Es ist aus meiner Sicht bauzeitlich mit dem Kryptenumgang.

Auch die romanischen Mosaiken im Chorumgang sind m. E. bauzeitlich. Die traditionelle Datierung der Mosaiken in die erste Hälfte des 12. Jh. ist zu früh.

Möglicherweise wurde in diesem Zusammenhang der Vierungsturm errichtet.

Nach Abschluss der Arbeiten an den Ostteilen, wurde die unbefriedigende Erscheinung des Langhauses besonders deutlich, weshalb man sich für den Umbau und Überwölbung des Langhauses entschied. Diese Baumaßnahmen datiere ich in das letzte Viertel des 12. Jh., vielleicht bis in die erste Hälfte des 13. Jh. Das Südportal zum Kreuzgang wird traditionell um 1230 datiert und dürfte etwa den Abschluss der Baumaßnahmen am Langhaus markieren.

Deutlich ist die Abweichung vom quadratischen Schematismus. Die eigenwillige Einwölbung des Langhauses mit Quertonnen erforderte eine kürzere Spannweite. Die kreuzgratgewölbten Seitenschiffe behielten dagegen den quadratischen Jochgrundriss durch Verbreiterung der Seitenschiffe bei.

Das östliche Stützenpaar der Langhausarkaden wurde vor die westlichen Vierungspfeiler gestellt, womit vermieden wurde, dass die Lasten aus dem Langhaus die Vierungspfeiler zusätzlich belasten.

Zuletzt zu den südlich der Kirche angeordneten Klostergebäuden. An romanischer Bausubstanz ist erhalten: der Nordflügel des Kreuzganges (trad. 11. Jh.), die Westfassade des Kapitelsaals im Ostflügel der ehemaligen Klausur (trad. 12. Jh.) und das Refektorium inklusive Keller

sowie Küche (trad. frühes 12. Jh.). Die traditionelle Datierung des Kreuzgangs einschließlich des Kapitellschmucks um 1030 ist eindeutig um ca. 100 Jahre zu früh. Das Refektorium dürfte wenn auch nicht frühes, so doch 12. Jh. sein.
Die Klostergebäude wurden logischerweise parallel mit dem Kirchenbau im 12. Jh. errichtet.

Germigny-des-Prés, Oratorium des Theodulf von Orléans

Theodulf von Orléans soll ab 798 Abt von Fleury (Saint-Benoît-sur-Loire) und Bischof von Orléans gewesen sein. Von 803-806 soll er das Oratorium für seine private Villa errichtet haben. Die Weihe fand angeblich 806 statt. Das Oratorium soll eines der ältesten erhaltenen Kirchenbauten Frankreichs sein. Von dem Bau 806 soll das Apsismosaik erhalten sein - das einzig erhaltene karolingische Mosaik nördlich der Alpen. Im 15. Jh. wurde der Zentralbau durch ein Langhaus erweitert. Im 19. Jh. erfolgte eine komplette Restaurierung. Die Bausubstanz ist stark erneuert.
"Die Architektur lehnte sich an die Aachener Pfalzkapelle Karls des Großen an." [Wikipedia]

Die Gründungsgeschichte ist vermutlich in seiner Gänze ein Konstrukt. Sollte Theodulf von Orleans doch eine historische Person sein, z. B. als Abt von St-Benoît-sur-Loire, und läge hinter der Datierung ein reales Datum, so kann dieses nur merowingisch/spätantik sein.

Korrigiert in die Datierung nach u. Z. wäre er 1216 Abt geworden. Wenn auch die Baudaten spätantik sind, wäre der Bau von 1221-1224 entstanden und 1224 geweiht worden.
Prinzipiell halte ich diese Datierung für möglich. Die von Wikipedia gesehene Anlehnung an die sog. Pfalzkapelle in Aachen sehe ich keinesfalls.
Kunsthistoriker sehen in St-Germigny-des Prés ein Zitat der armenischen Kirchen in Bagaran (Theodorus-Kirche) und in

Etschmiadzin (Kathedrale) [REBEYRAT / PERRONNET / GAUTHIER, 11], [Wikipedia].

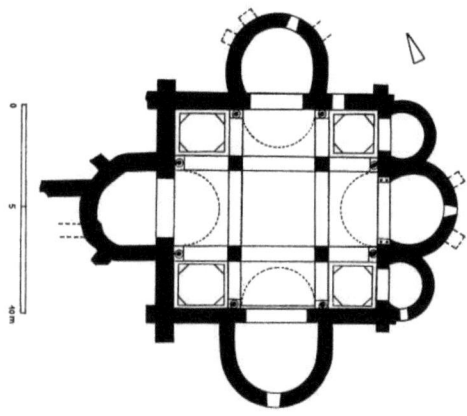

Germigny-des-Prés, Oratorium des Theodulf von Orléans, Grundriss aus [REBEYRAT / PERRONNET / GAUTHIER, 6]

Die traditionelle Datierung der völlig zerstörten Theodorus-Kirche ist 624-631. An der Stelle der Kathedrale von Etschmiadzin soll bereits 303 ein erster Kirchenbau gestanden haben. Dieser erste Bau soll eine kleine dreischiffige, gewölbte Hallenkirche gewesen sein. Um 480 soll dann ein Neubau errichtet worden sein, jetzt in Form eines quadratischen Tetrakonchos (kreuzförmiger Grundriss mit einer zentralen Kuppel, vier freistehende Pfeiler und vier ausladende Apsiden, innen halbkreisförmig, außen polygonal), an deren Form seit dem 5. Jh. trotz vieler Bauarbeiten nichts Grundlegendes geändert worden sein soll. [Wikipedia].

Nach meiner Auffassung entfallen diese beiden Bauten als Vorbilder für Germigny-des-Prés. Die armenische Kirche ist weströmisch/antik datiert. Damit gehören der Zentralbau von Etschmiadzin in das Ende des 12. Jh. (um 1180) und die

Theodorus-Kirche sogar in das 14. Jh. (siehe [MEISEGEIER 2107, 84ff].

Unabhängig davon bestehen meinerseits keine Zweifel, dass die Vorbilder für Germigny-des-Prés in der Ostkirche zu suchen sind. Als treffendstes Beispiel sehe ich die Sophienkathedrale in Kiew. Diese soll von 1037-1046 errichtet worden sein [LASSUS, 155], was ich jedoch deutlich für zu früh erachte. Ich denke eher an das 12. Jh.
Nach LASSUS wurde die heutige siebenschiffige Kirche erst in späterer Zeit "nach und nach - ausgenommen die Ostseite - um zwei umlaufende Seitenschiffe erweitert" [ebd., 155].

Nun sehe ich keine direkte Verbindung zwischen Germigny-des-Prés und Kiew. Möglicherweise haben beide Bauten jedoch gemeinsame Vorbilder im Bereich der Ostkirche.
Vielleicht wurde die Idee dieses kleinen Zentralbaus von den Kreuzzügen mitgebracht und mit heimischen Bauleuten etwas abgewandelt (Konchen im Norden, Süden und Westen, quadratischer Vierungsturm) umgesetzt.
Das Mosaik mit seinem "im byzantinischen Stil gehaltenen Bildprogramm" [Wikipedia] in der Hauptapsis unterstützt die Datierung in das 13. Jh. durchaus. "In der östlichen Apsis befindet sich ein bedeutendes Mosaik nach byzantinischem Vorbild." [https://deacademic.com/dic.nsf/dewiki/2450742 #Gr.C3.BCndung_Theodulfs]
Die hufeisenförmigen Apsiden finden wir z. B. auch in Chur, St. Luzi, das ich in die zweite Hälfte des 11. Jh. datiere (siehe [MEISEGEIER 2019-2, 244].

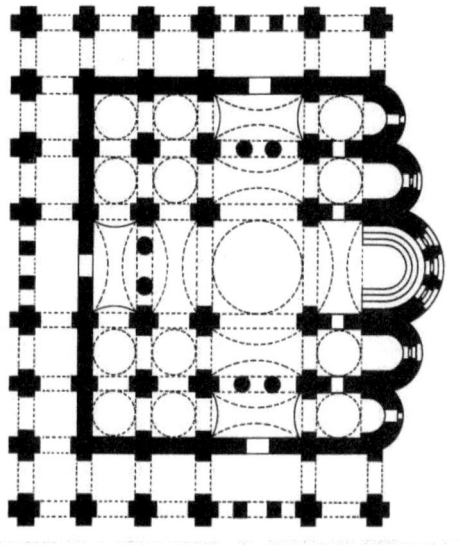

Kiew, Sophienkathedrale. Grundriss entnommen aus [LASSUS, 155]

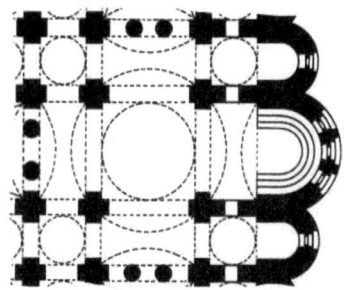

Kiew, Sophienkathedrale. Kernbau (um die späteren Erweiterungen bereinigter Grundriss)

Dijon, St-Bénigne

"Der romanische Vorgängerbau der gotischen Kirche Saint-Bénigne, der heute bis auf einige Reste zerstört ist, zählte zu den größten und ungewöhnlichsten Kirchen des christlichen Abendlandes und barg das heute leere Grab ihres Kirchenpatrons des heiligen Benignus (frz. Saint-Bénigne)."
[Wikipedia]
Der heilige Benignus gilt als „Apostel Burgunds". Angeblich unter Kaiser Marc Aurel (161-180) erlitt er sein Martyrium in Dijon. [Wikipedia]
Über seinem vermeintlichen Grab auf einer gallo-römischen Nekropole soll Ende des 5. und zu Beginn des 6. Jh. eine erste Großbasilika errichtet worden sein. Diese soll 525 oder 535 geweiht worden sein.
670 wurde das Kloster eine Benediktinerabtei. [Wikipedia]
"Ab 870 wurde die Kirche vergrößert und teilweise erneuert. Weder über das erste Bauwerk noch über diese Erweiterung verraten die bekannten Quellen nähere Angaben über das Erscheinungsbild der Kirche, die über die Angaben „groß" und „Basilika" hinausgehen." [ebd.]
"990 wurde Wilhelm von Volpiano (962–1031) aus Cluny zum Priester geweiht und zum Abt von Saint-Bénigne bestellt. ... Im Jahr 1001 begann der Abt ... mit einem umfassenden Neubau." [ebd.]
Die Basilika soll im Jahr 1016 eingeweiht und 1018 fertiggestellt worden sein.
1137 erlitt die Abteikirche bei einem Stadtbrand ernste Schäden. Bei der Reparatur wurde die Kirche um das Atrium erweitert. Die 1147 überlieferte Weihe bezog sich "vermutlich nur auf die (nun gewölbten?) Ostteile ... Die Erneuerung des vielleicht ebenfalls rippengewölbten Langhauses mit dem prächtigen Portal dauerte bis etwa 1160/70. ... 1271 wurde ein großer Teil der Kirche von dem umstürzenden Vierungsturm zerstört." [ebd.]
Ab 1279 erfolgte ein kompletter Neubau. "Der Dreiapsidenchor mit Vorjoch und Teile des Querhauses war (sic) 1287 bereits fertiggestellt, der Bau des Langhauses, dessen Aufriss aus

Arkaden auf Rundpfeilern, Triforium und Obergaden mit Laufgang typisch burgundisch ist, zog sich bis 1325 hin." [ebd.]

Etwas abweichend äußert sich die französische Webseite *Le Site sur l'Art Roman en Bourgogne* [http://www. bourgogneromane.com/edifices/dijon.htm]. Danach soll der hl. Benignus abweichend um 274 gemartert worden sein. "Allerdings erscheint seine Existenz nach Ansicht von Historikern zweifelhaft." [ebd.] Eine erste Kirche soll um 510 begonnen und 535 geweiht worden sein. In die Krypta der Kirche sollen 511 die Gebeine des hl. Benignus übertragen worden sein. Die Gründung des Benediktinerklosters soll - abweichend von Wikipedia - 871 erfolgt sein. In diesem Zusammenhang wurde um 870 ein Neubau der Kirche errichtet, der 877 geweiht worden sein soll. Im Zuge der cluniaziensischen Reform (989) sollen 12 Mönche aus Cluny einschließlich Guillaume de Volpiano gekommen sein, der 990 ihr Abt wurde. "Der berühmte Italiener gilt als Erbauer der riesigen lombardischen Kirche, die zu Beginn des 11. Jahrhunderts von italienischen Arbeitern erbaut wurde. Die am 14. Februar 1001 begonnene Basilika wurde am 30. Oktober 1016 von Bischof Lambert geweiht. Die östliche Marienrotunde wurde am 13. Mai 1018 eingeweiht und die Basilika wurde um 1025-1030 weitgehend fertiggestellt." [ebd.] Um 1100 soll ein Großbrand den Vierungsturm und einen Teil des Chors zerstört haben. Nach der Reparatur erfolgte die Wiederweihe 1107. Ein weiterer Brand 1137 soll die Stadt einschließlich der Kirche verwüstet haben. Eine neue romanische Kirche soll 1147 geweiht worden sein. Ein dritter Brand 1271 zerstörte die Kirche abermals, woraufhin der gotische Neubau von 1280 bis 1325 errichtet wurde, der 1287 und 1393 geweiht worden sein soll. Nur die Rotunde und das Westportal des romanischen Baus blieben erhalten. 1288 erfolgte die Übertragung der Reliquien des hl. Benignus in den Hauptaltar.

Nach der französischen Revolution (1792) wurden die noch stehenden romanischen Teile zum Abbruch freigegeben. Von dem romanischen Bau ist heute nur das Untergeschoss der Rotunde mit den angrenzenden Bereichen der Krypta erhalten [WINTERMANTEL, 2].
Im 19. Jh. entdeckte man bei Bauarbeiten Reste der alten Krypta, worauf umfangreiche Restaurierungsarbeiten erfolgten. Nach SCHLINK ist das den heutigen Besuchern präsentierte Rotundenuntergeschoss „eine mehr oder weniger getreue Nachbildung des alten Rotundenuntergeschosses und der frühromanischen Kryptenostteile aus dem 19. Jahrhundert"." [ebd., 3]

Bisherige Rekonstruktionen

Der Neubau von 1001 soll nach Wikipedia eine große fünfschiffige und siebenjochige Basilika mit Tribünen(?), mit einem weit ausladenden Querhaus und einem aus Säulen gebildeten halbrunden Chor mit zwei gestaffelten Apsiden auf jeder Seite gewesen sein. Den Abschluss im Westen bildete ein Westwerk mit einem Atrium.
Unter dem Chor, dem Querhaus und dem östlichen Bereich des Mittelschiffs befand sich eine Krypta.
Östlich des Chors war eine dreigeschossige Rotunde mit einem östlichen, ebenfalls dreigeschossigen Kapellenvorbau angeordnet.
Die Beschreibung in dem Wikipedia-Artikel bezieht sich offensichtlich auf die umstrittene Rekonstruktion von WETHEY (siehe unten), die auch abgebildet ist.

Die französische Webseite gibt nähere Auskunft über die Vorgängerbauten. Nach ihr gibt es fünf Basiliken seit dem 6. Jh., wobei über die ersten beiden wenig bekannt ist.
Die erste, 535 geweihte Kirche soll ein dreischiffiger Bau mit offenem Dachstuhl (charpentes) gewesen sein und eine vom Gebäude getrennte Kapelle, die der hl. Maria gewidmet war, besessen haben.

Die karolingische Basilika mit der Krypta des hl. Benignus integrierte im Osten das Oratorium der hl. Maria, von dem noch heute Teile erhalten seien.

Der ab 1001 errichtete Bau soll die dritte Abteikirche gewesen sein. Im Wesentlichen gibt auch die französische Webseite die Rekonstruktion von WETHEY wider, jedoch um einige Details ergänzt.

So soll sie im Westen eine Westapsis und zwei Türme besessen haben. Die Mittelschiffswände sollen dreigeschossig gegliedert gewesen sein, über den Arkaden Tribünen (Emporen, Triforium?) und darüber die hohen Fenster.

Der zweijochige Chor mit Türmen soll zur Apsis mit doppelgeschossigen Arkaden geöffnet (Umgangschor?) gewesen sein. Die hohen Räume der Kirche besaßen wahrscheinlich ein Rippengewölbe.

Unter dem Chor, dem Querhaus und der östlichen Hälfte des Mittelschiffes befand sich eine große, dreischiffige, niedrige Unterkirche, die im Osten mit dem Untergeschoss der Rotunde räumlich verbunden war. "Die Rotunde war der Heiligen Maria geweiht und auf drei Stockwerken wurden der Heilige Johannes der Täufer, die Jungfrau und die Apostel sowie die Dreifaltigkeit verehrt." [http://www.bourgogneromane.com/edifices/dijon.htm]

Der vierte Bau war die romanische Basilika, die Mitte des 12. Jh. teilweise wieder aufgebaut wurde. In diesem Zusammenhang sollen das Mittelschiff und die Seitenschiffe wieder aufgebaut und vergrößert und gewölbt worden sein. Der Vierungsturm wurde erneuert und die Treppentürme der Rotunde erhöht. Das Langhaus erhielt eine Vorhalle mit einem reich verzierten Portal, das in der französischen Revolution zerstört wurde, von dem jedoch noch Teile existieren.

Die fünfte Basilika sei die aktuelle, gotische Kirche.

WINTERMANTEL befasst sich mit sog. *Chronik von Saint-Bénigne*, die den frühromanischen Vorgängerbau beschreibt und von einem unbekannten Chronisten kurz nach der Mitte des 11. Jh. verfasst worden sein soll. Sie sei eine der wenigen mittelalterlichen Baubeschreibungen, die konkrete Maßangaben enthält. [WINTERMANTEL, 1]

Nach ihm sei die Rekonstruktion dieses Baus umstritten, da es keine Bildquellen gibt und die Beschreibung in der *Chronik von Saint-Bénigne* teils schwer zu interpretieren ist. [ebd., 3]

Aufgrund der archäologischen Grabungen in den Jahren 1976-78 wurde von MALONE eine von den bisherigen Annahmen abweichende Rekonstruktion vorgelegt. So habe der Befund der Ausgrabungen ergeben, dass der Bau nur dreischiffig war. Auch schloss die Basilika vor der Rotunde mit einer halbrunden Mittelapsis und Nebenapsidiolen ab. Die Hauptapsis setzte unmittelbar am Querhaus an, womit ein T-förmiger Grundriss vorlag. Über der Krypta, d. h. im Querhaus und im östlichen Bereich des Mittelschiffs war der Fußboden um etwa 2 m podestartig erhöht.

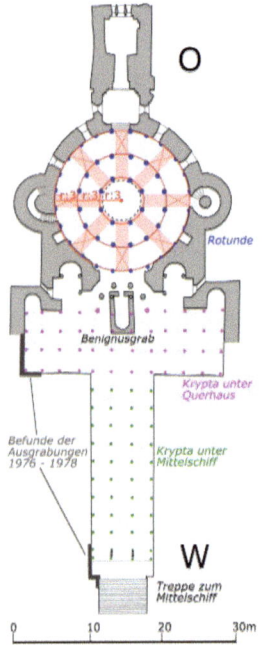

Rotundenuntergeschoss und Krypta auf der Basis der Rekonstruktion von Carolyn Marino MALONE (1980) [WINTERMANTEL, 2]

Die Rotunde

Der Zugang zur Krypta erfolgte am westlichen Ende vom Mittelschiff aus. Sowohl der Westarm der Krypta als auch die Querhauskrypta waren dreischiffig. Die Gewölbe wurden durch insgesamt 48 Säulen getragen. Im Bereich der Mittelapsis, in der das Benignusgrab lag, war das Apsisrund durch eine halbrunde Säulenstellung aufgelöst. Analog der Oberkirche wurde die Apsis von zwei Nebenapsidiolen flankiert. [ebd.]

Das ursprüngliche Aussehen der Rotunde ist im Gegensatz zur Kirche durch "die sehr detaillierten Abbildungen in der Beschreibung Saint-Bénignes des Dom Urbain PLANCHER aus dem Jahr 1739" gut überliefert. [ebd., 3]

Der mit 18,90 m Innendurchmesser und 18 m lichte Höhe beachtlich große Rundbau hatte drei Geschosse. Die Fußböden (einschließlich der Gewölbekonstruktionen) der Obergeschosse wurden im Unter- oder Kryptengeschoss und im ersten Obergeschoss von je zwei konzentrisch angeordneten Säulenringen getragen. Innerhalb des inneren Rings war die Decken in beiden Geschossen geöffnet.
Im obersten Geschoss existierte nur der innere Säulenring als zweigeschossige Arkatur zur Unterstützung des Gewölbes, wobei auch innerhalb dieses Rings das Gewölbe geöffnet war (Opaion).
Für den Zugang zu den Obergeschossen waren im Norden und im Süden Treppentürme angeordnet.

"Das Rotundenuntergeschoss und die östlich vorgelagerte, um einige Treppenstufen erhöhte Kapelle waren Johannes dem Täufer geweiht." [ebd., 5] Das Rotundenmittelgeschoss stand dagegen "gemeinsam mit der nach Osten anschließenden Kapelle unter dem Patrozinium der Gottesgebärerin Maria" [ebd., 5].
Das Rotundenmittelgeschoss war als Hauptgeschoss durch seine architektonische Gestaltung hervorgehoben. "Der äußere Säulenkranz bestand hier jedoch nicht aus

Wandvorlagen, sondern aus Vollsäulen, die der Wand vorgestellt waren. ... machte das Mittelgeschoss im Vergleich zum Untergeschoss einen lichten und systematisch gegliederten Eindruck. Dies lag zum einen an den besseren Lichtverhältnissen. Zum anderen waren die Säulen im mittleren Stockwerk länger als im Untergeschoss, zudem im Durchmesser kleiner. Der Zugang zur erhöht liegenden Marienkapelle erfolgte unter einer Dreierarkade." [ebd., 5]

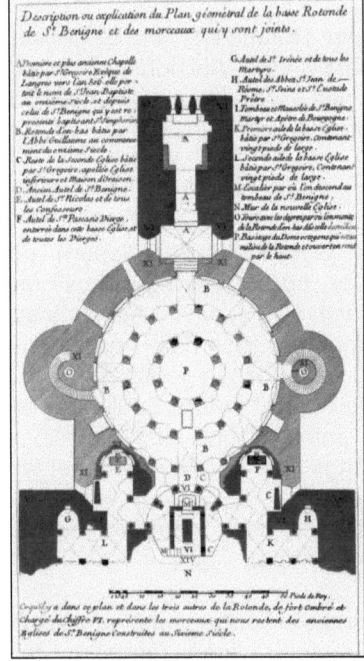 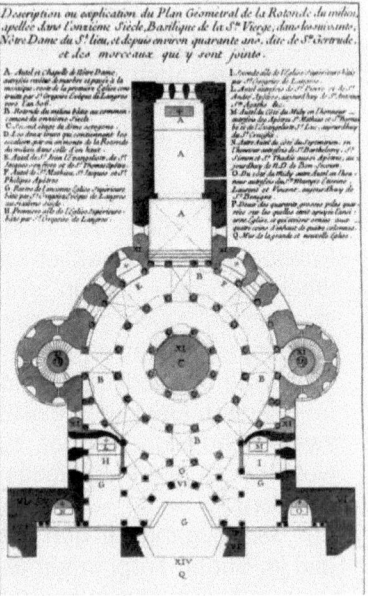

Grundriss des
Rotundenuntergeschosses
(Dom PLANCHER 1739)
[WINTERMANTEL, 2]

Grundriss des
Rotundenmittelgeschosses
(Dom PLANCHER 1739)
[WINTERMANTEL, 4]

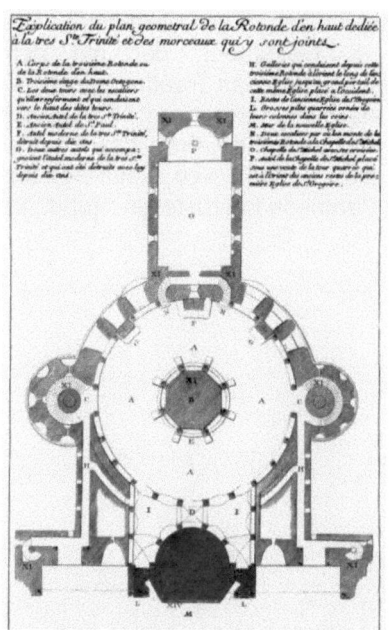

Grundriss des Rotundenobergeschosses (Dom PLANCHER 1739) [WINTERMANTEL, 4]

Das zweite Obergeschoss war der Trinität geweiht. "Durch zwei halbkreisförmig angelegte Treppenläufe gelangte man in die im Niveau erheblich oberhalb des Rotundenobergeschosses gelegene Michaelskapelle", deren Tonnenwölbung jedoch nicht dem 11. Jh. angehören soll. [ebd., 5]

"Die Rotunde von Saint-Bénigne wurde am 13. Mai 1018 geweiht. Im Martyrologium von Saint-Bénigne ist für den 13. Mai nebeneinander die Weihe des Pantheons „sanctae Mariae ad martyres" (Jahr 609 oder 610) und die Weihe der Dijoner Rotunde zu Ehren der Gottesgebärerin Maria vermerkt." [ebd., 5f]

"Eine weitere Parallele besteht im Datum des Gedenktags des Märtyrers Benignus, des 1. November, der mit dem Allerheiligenfest zusammenfällt, denn das Pantheon gilt seit dem frühen Mittelalter auch als Stiftungsbau von Allerheiligen („ad martyres" - allen Märtyrern). Somit wurde der 13. Mai bewusst als Weihetag für die Rotunde von Saint-Bénigne gewählt, um den Bezug zum Pantheon herzustellen." [ebd., 6]

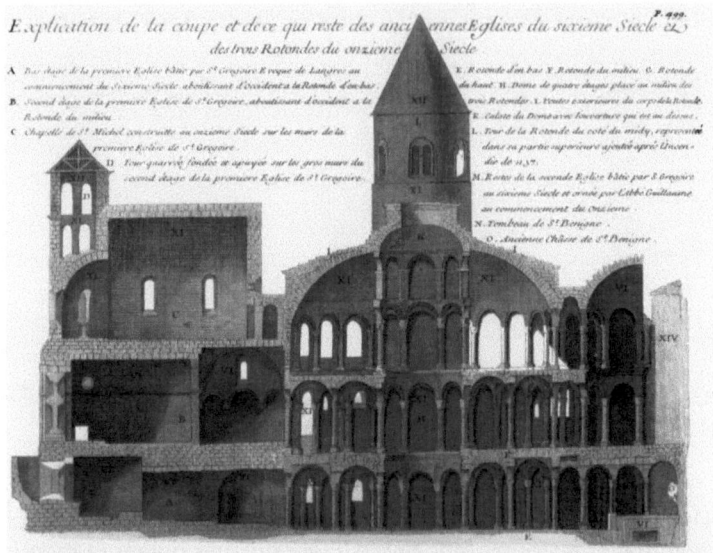

Saint-Bénigne in Dijon: Längsschnitt durch den Kapellenvorbau (links) und die Rotunde, ganz rechts unten das Benignusgrab (Dom PLANCHER 1739) [WINTERMANTEL, 1]

Alternative Rekonstruktion der Baugeschichte

Die Legende um den hl. Benignus hat mit der Baugeschichte des Kirchenbaus in Dijon nichts zu tun. Ob Benignus eine historische Person war oder nicht, ist hier nicht von Belang.

Zur sog. *Chronik von Saint-Bénigne*, die angeblich kurz nach der Mitte des 11. Jh. entstanden sein soll. Die Chronik enthält eine AD-Datierung, die im 11. Jh. einfach noch nicht vorkommt und frühestens ab dem 14. Jh. Verwendung gefunden hat (*"Fundatum est autem hoc templum anno dominicae incarnationis M. i. indictione xiiii. xvi kalendas martii"* [WINTERMANTEL, 6]). Siehe dazu [MEISEGEIER 2019-2, 11].

Damit muss die sog. *Chronik von Saint-Bénigne* ein Pseudepigraph aus weit späterer Zeit sein. Trotzdem enthält die Baubeschreibung in der *Chronik von Saint-Bénigne* einige auch durch die Grabungen bestätigte Details, so die große Krypta, die fast dieselbe Ausdehnung hat wie die Oberkirche, die T-förmige Grundrissform der Kirche, das im Osten anschließende Oratorium, die Rotunde, mit ihrem Zugang im Untergeschoss von der Krypta und der Zugang zur Krypta vor dem Kreuzaltar [WINTERMANTEL, 6ff]).

Die einzige wirkliche Abweichung zum archäologischen Befund betrifft die Aussage in der Chronik, dass das Langhaus auf jeder Seite angeblich doppelte Seitenschiffe mit Gewölben gehabt haben soll, wobei die Grabungen nur einen dreischiffigen Bau nachweisen konnten. Diese Diskrepanz bleibt zunächst bestehen.

Da der romanische Vorgängerbau im Zusammenhang mit dem gotischen Neubau ab 1280 fast vollständig abgebrochen wurde, ergibt sich die Frage nach der Herkunft der Kenntnisse im 14. Jh. oder später beim Verfasser der Chronik.

Es ist natürlich zunächst einmal festzustellen, dass der in der Chronik beschriebene Bau keinesfalls ein frühromanischer Bau gewesen sein kann. Die ausgedehnte Krypta, die sehr komplexe Konzeption der Rotunde als auch die gewölbten Seitenschiffe verweisen für mich eindeutig maximal auf einen spätromanischen Bau. Trotzdem bleibt das Problem der Herkunft des Detailwissens zu diesem Bau im 14. Jh. bzw. sogar noch später.

Möglich ist natürlich, dass die Chronik auf ältere Aufzeichnungen über den Bau zurückgegriffen hat, obwohl solche Bauaufzeichnungen aus romanischer Zeit eigentlich nicht bekannt sind. In dem Zusammenhang könnte die Fünfschiffigkeit des Langhauses z. B. ein Übertragungsfehler sein. Eine Auflösung kann ich hier nicht bieten. Verlässliche Informationen liefern an sich die Grabungsergebnisse, jedoch sind Grabungen offenbar nur punktuell erfolgt. Eine Fehlinterpretation der Grabungsergebnisse - insbesondere bei der zeitlichen und kunstgeschichtlichen Einordnung - ist natürlich immer noch nicht ausgeschlossen.

Zur Rotunde gibt es dem Anschein nach detailliertere Informationen. Jedoch ist dabei zu beachten, dass die überlieferten Grundrisse und der Schnitt 1739, d. h. rund 500 Jahre nach dem Ende der Romanik entstanden sind. Geben sie tatsächlich den Ursprungszustand wieder?

Die Rotunde ist eine überdimensionierte Chorscheitelkapelle. Wie bei den Bauten in Auxerre und Flavigny ausgeführt, sehe ich in den Chorscheitelkapellen Verehrungsstätten der hl. Maria. Auch in Dijon ist die Rotunde der hl. Maria geweiht gewesen, was meine These grundsätzlich unterstützt. Die Erhöhung der Anzahl der Heiligen, denen die Teilbereiche der Rotunde geweiht sind (Johannes der Täufer, Maria, Johannes der Evangelist, seines Bruders Jakobus, Apostel Thomas, Matthäus, Jacobus, Philippus, Trinität, Erzengel Michael), lässt jedoch schon das ursprüngliche Hauptanliegen einer Verehrungsstätte für Maria ein Stück weit in den Hintergrund treten.

Der Endpunkt der Entwicklung dürfte der Kapellenkranz der gotischen Kathedralen sein. Dort ist die mittlere Kapelle, wie auch in Saint-Denis, immer noch der hl. Maria geweiht. Die übrigen Kapellen dann weiteren Heiligen.

Die Bauform der Rotunde enthält Anleihen verschiedener Bauten, wie die Forschung bereits herausstellte, so von der Grabeskirche aber auch dem Pantheon. Über die ausgefeilte Symbolik, insbesondere auch Zahlensymbolik, die hinter der Gestaltung der Rotunde und der Kirche steht, hat WINTERMANTEL ausgeführt. Auch das spricht für die spätere Erbauung.

Hinsichtlich der Zahlensymbolik sieht WINTERMANTEL Parallelen zu St. Peter und Paul in Hirsau (1082/91). Irrtümlich sieht er den unter Abt Wilhelm von Hirsau errichteten Bau nach St. Benignus in Dijon. Umgekehrt wird ein Schuh daraus.

Wie ich in [MEISEGEIER 2108, 26ff] zum Heiligen Grab in Gernrode herausgearbeitet habe, kommen Heiliggrabkopien oder -nachbildungen überhaupt erst ab dem 12. Jh. auf. Nun ist die Dijoner Rotunde keine Heiliggrabkopie oder -nachbildung, jedoch besteht durchaus die Möglichkeit, dass der Rundbau von ähnlichen Rundbauten, die solche waren, inspiriert worden ist. Wikipedia verweist diesbezüglich auf St-Jacques de Neuvy-Saint-Sépulchre, das ich jedoch frühestens in die Mitte des 12. Jh. datiert habe [ebd., 33].
Die in der Chronik aufgeführte hohe Anzahl der Altäre in der Kirche - neben dem Hauptaltar zwei weitere Im Osten, in der Krypta fünf, in den Seitenschiffen vier, im Westen zwei und der Kreuzaltar - ist ein weiteres Indiz für eine spätere Entstehung der in der Chronik beschriebenen Kirche.
Die Apsidiolen neben der Hauptapsis hatten eher den Charakter von Nebenchören wie wir sie aus den Bauten der sog. Reformorden kennen. Die besondere Gestaltung des Chores war sicher durch die große Rotunde bedingt, die die Anordnung eines sonst üblichen Chorraumes nicht mehr zuließ. so schloss die Apsis unmittelbar an das Querhaus an. Der Mönchchor wurde dementsprechend weit in das Langhaus ausgedehnt.

Wenn der beschriebene Bau mit der großen Rotunde von mir in spätromanische Zeit, vielleicht Ende des 12./Anfang des 13. Jh. datiert wird, ergibt sich die Frage nach Vorgängerbauten.

Die erste, angeblich 535 geweihte Kirche soll ein rechteckiges Schiff mit Seitenschiffen und offenem Dachstuhl besessen haben. Östlich vor ihr gab es eine separate, von der Kirche getrennte Kapelle, die der hl. Maria geweiht war.
Die Datierung der Weihe in das Jahr 535 ist zu früh. Als merowingisch/spätantike Datierung entspräche das Jahr 535

dem Jahr 953 u. Z. - für einen Kirchenbau im Frankenreich nicht möglich. Ich datiere diesen Bau um 1100. Die Kapelle im Osten ist der früheste Vorgänger der späteren großen Rotunde. Die Marienverehrung wird überhaupt erst um 1100 aktuell. Chorscheitelkapellen werden erst ab dieser Zeit errichtet. Eine freistehende Marienkapelle hatte m. E. auch der Altfridbau (Bau II) des Hildesheimer Domes, den ich um 1100 datiere (siehe [MEISEGEIER 2019-2, 88]). In der ersten Hälfte des 12. Jh. wurde diese separate Kapelle in den Kirchenbau einbezogen. Auch in Hildesheim wurde in der ersten Hälfte des 12. Jh. die Chorscheitelkapelle in den Kirchenbau einbezogen (Bau IIb) (siehe [ebd., 89]). Andere Vergleichsbauten sind die Krypten und Chorscheitelkapellen in Auxerre und Flavigny, die ich ebenfalls in die erste Hälfte des 12. Jh. einordne.

Nach dem Stadtbrand 1137, bei dem der Kirchenbau offenbar großen Schaden erlitten hat, soll um die Mitte des 12. Jh. die Kirche wiederaufgebaut worden sein. Dabei soll die Kirche um das Atrium erweitert und gewölbt worden sein. Die Weihe von 1147 soll sich "vermutlich nur auf die (nun gewölbten?) Ostteile" bezogen haben.

Ich sehe ein abweichendes Szenario: Nach meiner Auffassung war dieser Bau der in der *Chronik von Saint-Bénigne* beschriebene Bau. Nach dem Stadtbrand von 1137 erfolgte ab Mitte des 12. Jh. ein kompletter Neubau der Kirche. Im Zuge dieses Neubaus wurde die komplette Kirche einschließlich Vierungsturm, der großen Krypta und der Rotunde errichtet. Die Seitenschiffe wurden gewölbt, möglicherweise auch das Langhaus (Rippengewölbe?). Im Westen erhielt das Langhaus eine Vorhalle mit dem skulptierten Portal, das traditionell um 1160/70 datiert wird. Die Zerstörungen der französischen Revolution haben nur wenige Reste überlebt.

Zwei weitere skulptierte Tympana werden im Lapidarium aufbewahrt. Sie sollen vom Kreuzgang bzw. Refektorium stammen. Ihre traditionelle Datierung, ebenfalls um 1160/70, erachte für zu früh.

Die Baumaßnahmen zogen sich vermutlich bis in das 13. Jh.

Wie der Westabschluss aussah, ist unklar. Die m. E. zweifelhafte, aber offenbar immer noch populäre Rekonstruktion von WETHEY zeigt eine Zweiturmfassade mit einer Westapsis und davor ein Atrium. Die Beschreibung in der Chronik gibt dazu keinerlei Hinweise. Einzig erwähnt wird ein Treppenabgang von einem "Obergeschoss der Westportale von je 20 Stufen in die Seitenschiffe (?) der Hauptkirche hinab." [WINTERMANTEL, 8] Offenbar gab es im Westen einen Bauteil, der über ein höher gelegenes Geschoss verfügte, wobei die Höhendifferenz von 20 Stufen kaum mehr als 5 m betragen kann.

Das Atrium soll mit der Kirche nach 1137 überbaut worden sein, womit dieses möglicherweise zu der ersten Kirche gehörte. Der Westabschluss der Kirche nach 1137 könnte z. B. eine Doppelturmfassade gewesen sein, vor die die o. a. Vorhalle gesetzt wurde.

Von den im Norden der Kirche gelegenen Klostergebäuden ist nur Weniges erhalten, so Teile des Ostflügels mit dem ehemaligen, umgebauten Kapitelsaal und des Nordflügels mit dem sog. Skriptorium. Bei der heutigen Zuordnung der Funktionen habe ich Bedenken. Normalerweise sind im Flügel parallel zur Kirche (Nord- oder Südflügel) das Refektorium und die Küche untergebracht. Das Dormitorium befand sich üblicherweise im Obergeschoss des Ostflügels. Die traditionelle Datierung der Räume in die erste Hälfte des 11. Jh. sehe ich als zu früh an. Meines Erachtens sind die Klostergebäude parallel mit dem ersten Kirchenbau in der ersten Hälfte des 12. Jh. erbaut worden.

Zusammenfassend gab es nur zwei romanische Vorgängerbauten, die erste, um 1100 erbaute Kirche, die kurze Zeit später einen Umbau der Ostteile erfuhr, und der nach dem Stadtbrand von 1137 ab der Mitte des 12. Jh. errichtete umfangreiche Neubau, der erst im 13. Jh. fertiggestellt war.

Saint-Denis, Abteikirche St. Salvator und Dionysius

Die traditionelle Geschichte der Abteikirche Saint-Denis reicht bis in das 4. Jh. zurück, in welchem an dieser Stelle ein Mausoleum für den hl. Dionysius (und seiner Begleiter Rusticus und Eleutherius) errichtet worden sein soll, der im Jahr 249 in Paris das Martyrium erlitten haben soll.

"Die folgende Baugeschichte und insbesondere die Datierung der Vorgängerbauten der heutigen Kirche ist nicht vollends geklärt." [IMHOF / WINTERER, 215]

Nach IMHOF / WINTERER soll um 475 über dem Grab eine Kirche erbaut worden sein, initiiert von der hl. Genovefa. Diese Kirche sei im 6. Jh. verlängert worden. [ebd., 216]
Nördlich davon entstanden mit Saint-Barthélemy und Saint-Pierre zwei weitere Kirchen [ebd., 216].

In der Hauptkirche soll Chlothar I. (511-561) seine um 565/70 verstorbene Gattin Königin Arnegunde bestattet haben. Ihr Grab konnte "als ältestes Grab einer Angehörigen der merowingischen Königsfamilie ... identifiziert werden, da ein goldener Fingerring mit der Umschrift "Arnegundis" und reiche Schmuckbeigaben gefunden wurden." [ebd., 216]
Die Gründung des Klosters soll durch Dagobert I. (628-639) erfolgt sein. "Er ist der erste regierende Frankenherrscher, der in Saint-Denis bestattet ist." [IMHOF / WINTERER, 216]
Dagobert ließ die bestehende Kirche zu einer großen dreischiffigen Kirche erweitern und zur Grablege der Merowinger umbauen. "Der Innenraum der Kirche sollte unter anderem dazu dienen, Bestattungen aufzunehmen, deren Gräber schließlich einen Teil des Kirchenraums ausfüllen sollten." [ebd., 216].

750 soll Fulrad Abt von Saint-Denis geworden sein. 768 soll Pippin am Eingang vor der Kirche bestattet worden sein. Danach erfolgte ein Neubau der Kirche. Die 775 geweihte

Kirche besaß ein dreischiffiges Langhaus (Säulenbasilika) und ein großes durchgehendes Querhaus, eine halbkreisförmige Apsis mit Ringkrypta und einen westlichen Portalbau, der das Grab Pippins überbaute. Dieser Bau soll in Anlehnung an Alt-St.Peter entstanden sein, womit der Bund zwischen Papst und Frankenkönig dokumentiert werden sollte. [ebd., 218]

Eine zeitgenössische Beschreibung des Bischofs Perpetuus der karolingischen Kirche aus dem Jahr 799 mit einer Auflistung der stattlichen Abmessungen des Baus sowie der Anzahl von Säulen, Fenstern, Bögen, etc. soll in einem frühmittelalterlichen Buch aus dem Kloster Reichenau erhalten sein. "Der Text stammt aus einer Handschrift von 798/99, die in Saint-Denis eigens für das Kloster Reichenau zusammengestellt worden war." [ebd., 219]

"Diese Zahlen sind nur schwer auf den archäologisch erschlossenen Bau zu übertragen: Das Breitenmaß entspricht nicht der rekonstruierten Ausladung des Querschiffs, für die Länge müsste das archäologisch nicht gefasste Atrium mitgerechnet werden; auch bei den Fenstern und Arkaden dürfte wiederum das Atrium mitgezählt sein. Die zahlreichen Säulen können eigentlich nur in einer Wandgliederung und in der Fensterrahmung eingesetzt worden sein, ..." [UNTERMANN, 107]

Karl der Kahle, angeblich 867 Laienabt von Saint-Denis geworden, befestigte das Kloster durch ein Kastell mit Wassergraben und vier Toren gegen die Normannenüberfälle [ebd., 220].

Nach der Spaltung des Frankenreichs wurde die Kirche Beisetzungsort der Herrscher des westfränkischen Reichs.

Etwas abgewandelt die Geschichte nach Wikipedia:
Um 625 sei ein Kloster nachgewiesen, das eine besondere Förderung durch die Merowinger erfuhr. Chlothar I. (511-561) soll um 565/70 seine Gattin Königin Arnegunde in dieser Kirche bestattet haben.

König Dagobert I. (628-639) soll das Kloster so reich beschenkt haben, dass er von den Mönchen als Klostergründer angesehen wurde. "Vor allem aber brach er mit der Tradition und bestimmte nicht die bisherige königliche

Nekropole, die Abtei Saint-Vincent-Sainte-Croix (künftig Abtei Saint-Germain-des-Prés) zu seinem Bestattungsort, sondern die Abtei St-Denis." [Wikipedia]
Karl Martell soll um 750 bis 775 einen neuen Altarraum begonnen haben. Erst unter Karl dem Großen wurden die Baumaßnahmen abgeschlossen.
Da Karl der Große Aachen bevorzugte, verlor Saint-Denis zunächst an Einfluss. Erst Karl der Kahle († 877) soll wieder in Saint-Denis bestattet worden sein. Erst unter den Kapetingern soll die Rolle von Saint-Denis als Grablege der französischen Könige gefestigt worden sein.

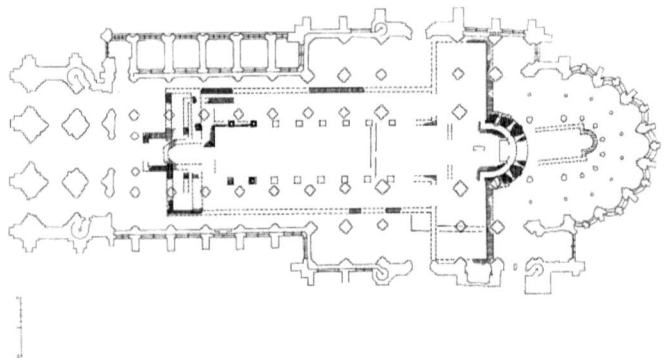

Saint-Denis, Abteikirche, Grabungsplan . Nach Viollet-le-Duc, Crosby und Formigé. Entnommen aus [JACOBSEN 1992, 234]

Auch JACOBSEN hat sich mit Saint-Denis befasst.
"Über unbestimmten Resten einer frühchristlichen Kirche (Periode I) und einer Basilika mit dreiteiligem Westabschluß (Periode II) fanden sich die gut erhaltenen Fundamente einer dreischiffigen Basilika (Periode III) mit einem wohl dreiteiligen Westbau, einem Langhaus zu neun Arkadenpaaren, einem Querhaus und einer halbkreisförmigen, unmittelbar an das Querhaus gefügten Ostapsis, in die eine Ringkrypta eingebaut war. Die große Apsis in der lichten Breite des Mittelschiffes

von ca. 8,75 m und die fehlenden westwärtigen Mauerzungen an den Apsisschultern lassen das Querhaus nur in der Art eines römisch durchlaufenden Querhauses rekonstruieren. Nachträglich wurde nach Osten eine einschiffige Außenkrypta mit Ostapsis angebaut (Periode IIIa), später vor die Nordseite des Langhauses ein Turm gesetzt (Periode IIIb), bis Abt Suger im 12. Jahrhundert den heutigen Bau begann. Zur Datierung ist folgendes bekannt: Über dem Grab des hl. Dionysius war wohl schon im 4. Jahrhundert eine Kapelle errichtet worden, die gegen 475 auf Veranlassung der hl. Genovefa durch eine größere Grabeskirche ersetzt wurde. Sie ließ Dagobert I. um 630 reichhaltig ausschmücken und gründete bei ihr eine Abtei. ... Vor dieser Kirche wurde Pippin im Jahre 768 bestattet ... Unmittelbar danach begannen Pippins Söhne Karlmann und Karl einen Neubau der Abteikirche, welcher nach dem Tode Karlmanns 771 unter Karl dem Großen im Jahre 775 geweiht wurde. ... Im Jahre 832 ließ Abt Hilduin (814-ca. 841) bei der Krypta *ecclesiam ante pedes eorundem beatissimorum martyrum* errichten und der hl. Maria weihen, und unter Wilhelm dem Eroberer wurde im 11. Jahrhundert noch ein Turm angefügt, bis gegen 1140 Suger den Neubau begann." [JACOBSEN 1992, 233ff]
Eine Doppelchoranlage, wie einige Bauforscher das Polygon des Westbaus von Periode III interpretieren, schließt JACOBSEN eher aus [ebd., 237].

Die in dem Grabungsplan eigetragene Rekonstruktion der angeblich karolingischen Abteikirche weicht hinsichtlich der Ausladung des Querhauses von anderen im Umlauf befindlichen Rekonstruktionen ab, die eine weit geringere Ausladung zeigen, z. B. bei UNTERMANN.

Mit dem durchlaufenden und weit ausladenden Querhaus wurde auch eine Anlehnung an Alt-St.Peter gesehen, die den Bund zwischen Papst und Frankenkönig dokumentieren würde [IMHOF / WINTERER, 218]. Die verkürzten Querarme relativieren vielleicht eine solche Interpretation.

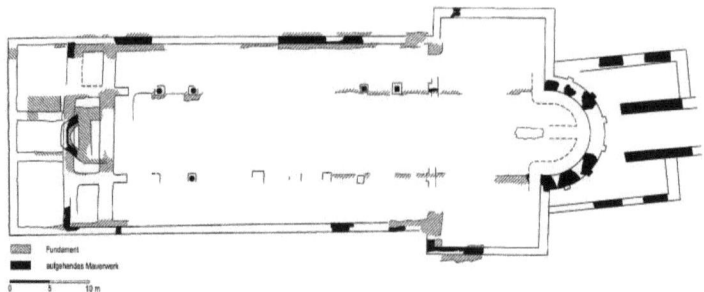

Saint-Denis, Abteikirche. Grundriss aus [UNTERMANN, 108]

1137, unter Abt Suger (1122-1151), Beginn des Umbaus des Westbaus, im 12. und 13. Jh. weitere Umbauten.
"Ihr heutiges gotisches Erscheinungsbild verdankt die Kirche einer der bedeutendsten Persönlichkeiten des 12. Jahrhunderts, Abt Suger (1081–1151)." [Wikipedia]

1140 soll der Chor begonnen worden sein; er enthält die ersten spitzbogigen Kreuzrippengewölbe. Im selben Jahr soll der Westbau geweiht worden sein.
Ab 1141 Fertigstellung der oberen Geschosse des Chors. Weihe des frühgotischen Chors 1144. Nach dem Tod Sugers 1151 Bauunterbrechung.
1231-1245 Erneuerung des Chors
Neubau des Langhauses 1231-1281 im hochgotischen Stil.
1219 Errichtung des Nordwestturms (nach Blitzschlägen 1837/1840 abgetragen).

Alternative Baugeschichte

Die Datierung in das 4. Jh. nimmt Bezug auf das Jahr 311 des sog. Toleranzedikts unter Kaiser Galerius. Damit ist diese Datierung spätantik und weist in den Anfang des 1. Jh. n. Chr.

94

Damit müsste auch das Jahr des Martyriums des Dionysius spätantik sein und im 1. Jh. v. Chr. geschehen sein. Der Zeitpunkt "um 475" für die erste Kirche, korrigiert 191 n. Chr., ist immer noch deutlich zu früh für einen Kirchenbau, der erst nach der Begründung der fränkischen Landeskirche denkbar ist, also frühestens ca. ein Jahrhundert später.

Ich möchte ein anderes Szenario entwickeln:
Die dichte Belegung der Vorgängerbauten mit Gräbern legt nahe, dass diese reine Zömeterialbauten (Grabbauten) waren, möglicherweise Familiengrabstätten des damaligen Adels. Auch die beiden anderen "Kirchen" Saint-Barthélemy und Saint-Pierre sehe ich als ursprüngliche Zömeterialbauten. Das bedeutet, dass der spätere Kirchenbau auf einem antiken Gräberfeld, einer ehemaligen römischen Nekropole, errichtet wurde.

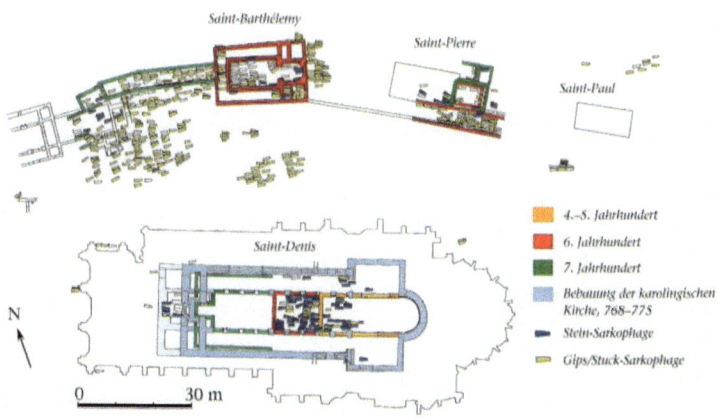

Baualtersplan mit Nachbarbebauung nach [IMHOF / WINTERER, 217]

Die Nekropole war vermutlich bis zur globalen Naturkatastrophe von ca. 238 in Nutzung. Zum Zeitpunkt des

späteren Kirchenbaus war sie vermutlich zum großen Teil verwüstet und nicht mehr genutzt.
Wie im Zuge des aufkommenden Heiligenkults auch an anderen Orten vielfach nachgewiesen, wurde der viel spätere, erste Kirchenbau mitten in dem ursprünglichen Gräberfeld errichtet und eine Legende um das Grab eines Heiligen "gestrickt".

Diese Entwicklung des Kirchenbaus beginnt frühestens in der zweiten Hälfte des 11. Jh.
Der erste Kirchenbau, von dem offenbar nur der dreiteilige Westabschluss mit dem Ansätzen der Schiffswände ergraben wurde, ist nicht vollständig zu rekonstruieren. Möglicherweise wurde dieser Westbau nur in den Fundamenten angelegt, nach einer Planänderung aber verworfen. Die Ähnlichkeit des Westbaus mit dem des Nachfolgebaus, des sog. Fulradbaus, lässt vielleicht einen solchen Schluss zu.

Der Fulrad-Bau

Wenn wir den vorgenannten Versuch(?) nicht mitzählen, wäre die sog. Fulradkirche der erste Kirchenbau am Standort.
Sie war eine dreischiffige Basilika mit einem durchgehenden Querhaus im Osten, einer unmittelbar an das Querhaus ansetzenden Apsis und einer Ringkrypta.
Der dreizellige, schmale Westbau wird traditionell als Doppelturmfassade rekonstruiert, die es jedoch nach meiner Auffassung erst ab Mitte des 12. Jh. gab. Ich denke, man wird über eine andere Rekonstruktion des Westbaus nachdenken müssen. Vielleicht ist auch eine spätere Errichtung des gesamten Baus in Erwägung zu ziehen, z. B. in der ersten Hälfte des 12. Jh. Das widerspräche zwar der traditionellen Baugeschichte, nachdem Abt Suger ab 1137 den gotischen Neubau beginnt, doch dazu weiter unten.
Die traditionelle Rekonstruktion sieht darüber hinaus einen quadratischen Vierungsturm, was die Bauzeit näher an 1100 bzw. später rücken könnte.

Die Ringkrypta - sofern die Rekonstruktion von GOURBEIX richtig ist - verweist, mit den frei sichtbar aufgestellten Heiligensarkophagen, statt eines Mittelstollens mit Fenestella in einer Confessio, schon auf eine spätere Entwicklungsphase der Ringkrypta. Eine Entstehung im 12. Jh. kann nicht ausgeschlossen werden.

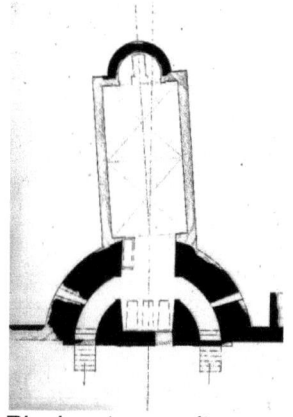

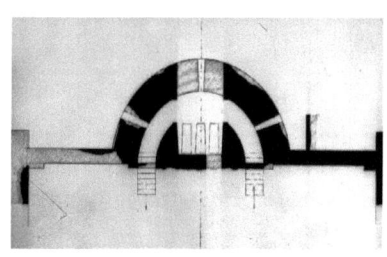

Ringkrypta (1. Bauphase, Jean Gourbeix, culture.gouv.fr)

Ringkrypta mit sog. Hilduin-Kapelle (2. Bauphase, Jean Gourbeix, culture.gouv.fr)

Quelle:[http://www.gotik-romanik.de/Saint-Denis%20 Thumbnails/Thumbnails.html]

Nachträglich, d. h. noch in der zweiten Hälfte des 11. Jh. oder um 1100, wurde im Osten ein kleiner, dreischiffiger Bau, die sog. Hilduin-Kapelle, angebaut.
Dieser ursprünglich saalförmige Anbau mit Apsis östlich der Hauptapsis würde ich als eine Außenkrypta für Bestattungen in der Nähe des Heiligengrabes identifizieren. Die Apsis könnte später hinzugefügt worden sein.
Die leichte Abweichung von der Achse könnte aus der Berücksichtigung vorhandener Gräber resultieren.

Vielleicht bemerkenswert sind die Ausführungen von JACOBSEN zu diesem Anbau. Danach war dieser Anbau ursprünglich eine Marienkapelle. Nun stammt diese Nachricht aus einer nach meiner Auffassung viel später erstellten Schriftquelle und hat nicht unbedingt Anspruch auf irgendeinen Wahrheitsgehalt. Der Raum könnte auch später zu einer Marienkapelle umgestaltet worden sein (Vielleicht dafür die Ergänzung der Apsis?).

Das Marienpatrozinium der Mittelkapelle des Kapellenkranzes des gotischen Chors wäre dann ein Indiz für die Kultkontinuität der Marienverehrung an dieser Stelle.

Da ich den Beginn der Marienverehrung etwa um 1100 sehe, spräche auch das für eine Bauzeit nach 1100.

Der Kirchenbau unter Abt Suger

Ich möchte es gleich vorwegnehmen. Ob es einen Abt Suger im 12. Jh. in Saint-Denis gegeben hat, weiß ich nicht. Die überlieferten Schriften einschließlich der Beschreibungen der Abteikirche sind m. E. ausnahmslos Pseudepigraphen, d. h. spätere Falschzuschreibungen. Dass die Abt Suger zugeschriebenen Baumaßnahmen bei den Kunsthistorikern keine Zweifel weckten, verwundert mich schon.

So soll 1137 der heute noch stehende Westbau begonnen und schon drei Jahre später (1140) geweiht worden sein. Im selben Jahr 1140 soll der frühgotische Umgangschor erbaut und schon 1144 geweiht worden sein.

THEUERKAUF ordnet dagegen die Doppelturmfassade des Fulradbaus der Bauphase 1137-1140 zu und sieht den heutigen Westbau in späterer Zeit. Für den Umgangschor, wobei er beim ersten Chor - sicher zu Recht - von einem einfachen Umgang ausgeht, hält er an der Bauzeit 1140-1144 fest.   [http://www.gotik-romanik.de/Saint-Denis,%20neu/index.htm]

Meine Auffassung zur Doppelturmfassade siehe oben. Der Westbau dürfte Ende des 12. Jh./Anfang des 13. Jh. erbaut

worden sein. Das prächtige skulptierte Tympanon weist in diese Zeit.
Die angebliche Erneuerung des Chors 1231-1245 könnte die wirkliche Bauzeit des Chors gewesen sein, gleichzeitig mit dem Neubau des Langhauses 1231-1281.

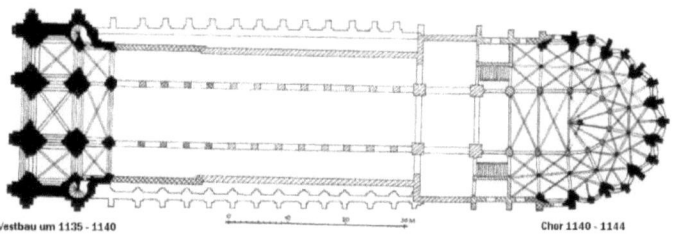

Westbau um 1135-1140   Chor 1140-1144

Grundriss mit den frühgotischen Bauphasen (Zeichnung Günther Binding) Quelle: [http://www.gotik-romanik.de/Saint-Denis%20Thumbnails/Thumbnails.html]

Ich halte jedoch beide, Suger zugeschriebene Bauphasen für konstruiert. Sie sind keine realen Bauphasen des Kirchenbaus.

Die Königsgräber

Die Kathedrale von Saint-Denis diente angeblich seit 564 als die Grablege der fränkischen und späteren französischen Könige. "Vom Ende des 10. Jahrhunderts bis 1830 wurden fast alle französischen Könige und viele Königinnen dort beerdigt." [Wikipedia]

Ich halte diesen Anspruch der Abteikirche Saint-Denis für ein Konstrukt.

Unstrittig dürfte sein, dass es im 16. Jh. ein Mausoleum der Valois (Le Sepulcre des Valois) gab. Errichtet wurde es 1568-

1586 von Katharina von Medici, die ab 1547 durch die Heirat mit Heinrich II., der aus der Dynastie Valois-Angoulême stammte, Königin von Frankreich wurde Das Mausoleum in Form einer Rotunde wurde 1719 abgerissen.

Saint-Denis, Valois, Caprice desiné et gravé par Israel Silvestre, 1656 (http://israel.silvestre.fr) [http://www.gotik-romanik.de/Saint-Denis%20Thumbnails/ Thumbnails.html]

Ich halte die Abteikirche Saint-Denis für die Familiengrablege der Valois, die seit 1328 die Königswürde innehatten. Die nachfolgenden Bourbonen haben die Kirche als Grablege weitergenutzt.

Alle angeblich früheren Bestattungen sind konstruiert. Das französische Königtum begann erst mit dem Haus Valois. Sowohl die Dynastie der Karolinger als auch die der Kapetinger sind erfunden.

Auch die angeblichen merowingischen Bestattungen in der Kirche sind platzierte Legende.
508 machte Chlodwig I. Paris zur Hauptresidenz des Merowingerreichs. Paris blieb auch nach dem Tod von Chlodwig I. und der Aufteilung des Reiches unter seine Söhne angeblich bis 592 Residenz des Teilkönigreichs Paris. Materielle Spuren dieser Residenz gibt es keine. Die römische Stadt Lutetia befand sich auf dem linken Seineufer (heute Montagne Sainte-Geneviève). Die Merowinger nutzten sicher Gebäude der römischen Stadt für ihre Residenz.
Es gibt keinen vernünftigen Grund, warum die Merowinger das ca. 10 km Luftlinie entfernte Saint-Denis als ihre Grablege wählen sollten. Nach der Tradition wurde Chlodwig I. 511 in der Kirche Saints-Apôtres Pierre et Paul (später Sainte-Geneviève) begraben. Das wäre sicher glaubhafter aufgrund der räumlichen Nähe zur Residenz, wobei ich auch diese Version für ein Konstrukt erachte. Kirchen wurden erst viele Jahre nach Chlodwigs Tod errichtet.

Noch eine andere Kirche beansprucht, Grabstätte merowingischer Könige zu sein - Saint-Germain-des-Prés in Paris. Sie soll von Childebert I. (511-558) als Basilique Sainte-Croix et Saint-Vincent errichtet worden sein. Childebert I. soll in ihr 558 im Beisein von Bischof Germanus bestattet worden sein. Bischof Germanus soll 576 selbst in der Kirche beigesetzt worden sein. Die Wikinger sollen die Kirche zerstört haben. Die im 10. Jh. wiederaufgebaute Kirche hieß jetzt Saint-Germain-des-Prés. Auch diese Geschichte ist zweifelsfrei ein Konstrukt.

Wie ich im Abschnitt *Und Frankreich?* dargelegt habe, endete der Residenzstatus von Paris mit der Katastrophe um 522/um 940. Nach der Katastrophe taugten die Überreste der Stadt für mehr als 100 Jahre nicht mehr als Residenz. Paris wurde unter den Merowingern nie wieder Residenzstadt. Das Grab Chlodwigs I. in der Stadt ist theoretisch zwar denkbar, dann aber sicher auf einer ehemals römischen Nekropole und nicht in einer Kirche. Das Grab von

Childebert I. in der Stadt ist unmöglich, da es die Stadt bei seinem Tod nicht mehr gab.

Zurück nach Saint-Denis:
"Als ältestes Grab einer Angehörigen der merowingischen Königsfamilie konnte dasjenige der etwa 45-jährig verstorbenen Königin Arnegunde († um 565/70), der Witwe König Chlothar I. (511-61) und Mutter König Chilperichs I. (561-84) identifiziert werden, da ein goldener Fingerring mit der Umschrift "Arnegundis" und reiche Schmuckbeigaben gefunden wurden." [IMHOF / WINTERER, 216]
Der Sarkophag "mit der außerordentlich reichen, gut erhaltenen Bestattung" wurde 1959 gefunden. "Ein am linken Daumen getragener goldener Ring mit der Inschrift ARNEGUNDIS REGINE ermöglichte die Identifikation der Toten. ... An der Identifikation der Begrabenen mit der Gemahlin Chlothars ist in der Forschung gelegentlich gezweifelt worden." [Wikipedia]
Die Inschrift auf dem in Wikipedia abgebildeten Ring ist m. E. schwer zu identifizieren. REGINE steht nicht darauf. Eher ist in der Mitte ein von mir nicht zu identifizierendes Monogramm zu sehen, das nach [IMHOF / WINTERER, 216] "RGE" heißen soll.
Ich ordne das sog. Arnegundisgrab dem spätrömischen Gräberfeld zu und sehe in der Bestatteten eine Angehörige des lokalen Adels, vielleicht des Grundherrn. Die Identifizierung mit der Witwe Chlothars I. erachte ich für problematisch. Die Datierung des Grabes erfolgte allein aufgrund der Identifizierung mit der Witwe Chlothars I., womit bei einer anderen Zuordnung das Grab auch älter oder jünger sein könnte.
Erster in Saint-Denis bestatteter Merowingerkönig soll Dagobert I. gewesen sein.

Zu beachten ist, dass alle Datierungen merowingisch/spätantik sind. Korrigiert in u. Z. starben Childebert I. im Jahr 976, Königin Arnegunde 983/92 und König Dagobert I. 1057.

Noch zu einigen Grabdenkmälern in Saint-Denis [IMHOF / WINTERER, 216]:

- Chlodwig I. († 511), ursprüngliche aus Sainte-Geneviève in Paris, von um 1220/30
- Childebert († 558), ursprünglich aus Saint-Germain-des-Prés in Paris, von um 1160
- Pippin III. († 768) und seiner Gemahlin Bertrada († 783), der Eltern Karls des Großen, von 1263/64
- Ermantrud († 869) von 1263/64
- Karlmann († 771), Bruder Karls des Großen, von 1263/64

Offenbar gab es im 13. Jh. ein Bedürfnis, für lange zuvor verstorbene Personen Grabdenkmäler anzufertigen. Diese Aktion ist mit Sicherheit im Zusammenhang mit der nachträglichen Schaffung von Geschichte zu sehen.

In der französischen Revolution kam es zur Plünderung und Zerstörung der Königsgräber.
Wikipedia: "Insgesamt wurden die Überreste von 170 Personen, darunter 46 Könige, 32 Königinnen, 63 Prinzen königlichen Geblüts, zehn königliche Amtsträger und zwei Dutzend Äbte von Saint-Denis, aus ihren Gräbern entfernt. Die Überreste wurden anschließend in zwei außerhalb der Kirche ausgehobene Gruben geworfen, mit Löschkalk bestreut und dort vergraben."
Damit sind die Bestattungen einer möglichen zukünftigen wissenschaftlichen Untersuchung entzogen.

Zusammenfassend halte ich die sog. königlichen Bestattungen vor den Valois für konstruiert, d. h. erfunden. Möglicherweise hatte das Adelsgeschlecht der Valois im späteren Saint-Denis Grundbesitz und errichteten dort - in der Nähe des wieder auferstandenen Paris, der ehemaligen Hauptresidenz der Merowinger, - auf einem ehemaligen Friedhof eine Eigenkirche. Zur Erhöhung der Attraktivität der Gründung installierten sie den Heiligenkult um den hl. Dionysius und seiner Begleiter. Mit dem Erstarkung der Territorialherrschaft des Hauses Valois wuchs auch die Bedeutung der Gründung. Das an der Kirche im 12. Jh. gegründete Kloster wurde zu einem der mächtigsten Klöster im Gebiet des ehemaligen Frankenreichs und zum Zentrum der mittelalterlichen Geschichtserfindung.

Im 14. Jh. schließlich erfolgte der Aufstieg des Hauses Valois zur Königsherrschaft in Frankreich. Die Abteikirche wurde zur Grabkirche der Valois, auch wenn die französischen Könige in der neuen Hauptstadt Paris residierten.

Erwähnenswert ist die Bistumsgeschichte von Paris. Paris soll schon seit dem 3. Jh. Bischofssitz sein. Als erster Bischof gilt Dionysius von Paris. Während des Mittelalters war Paris ein Suffraganbistum des Erzbistums Sens. 1622 wurde Paris zum Erzbistum erhoben. [Wikipedia]

Sollte Dionysius eine reale Person gewesen sein, so war er ein antiker Bischof, d. h. ein Vorsteher einer christlichen Gemeinde ohne territoriale Befugnisse. Als solcher hat er mit der mittelalterlichen Bistumsgeschichte nichts zu tun.

Offenbar war Paris im Mittelalter nicht besonders privilegiert, ansonsten wäre nicht zu verstehen, wieso es nicht ein selbständiges Bistum Paris bis zum 17. Jh. gab. Meine These über die Gründe, warum Paris kein Altbistum war, habe ich im Abschnitt *Und Frankreich?* vorgestellt.

Im Übrigen entstanden nach meiner Auffassung die Erzbistümer und demzufolge Suffraganbistümer erst im 12. Jh. (siehe [MEISEGEIER 2019-1, 180ff].

Die Pariser Kathedrale Notre Dame, errichtet vom 12.-14. Jh., hatte angeblich einen merowingischen Vorgängerbau - bekannt als Cathédrale St. Etienne (Stefansdom) -, der unter der Herrschaft des fränkischen Königs Childebert I. (511-558) in den Jahren um 540/550 entstanden sein soll. [Wikipedia]

Der angeblich merowingische Vorgängerbau als Kathedrale ist ein Konstrukt, genauso die Errichtung unter Childebert I. Der ergrabene Vorgängerbau von Notre Dame wurde vermutlich im 11. Jh. als Eigenkirche errichtet und war nie Kathedrale. Der Neubau von Notre Dame ab dem 12. Jh. dürfte auf die Bistumsgründung im 12. Jh. zurückzuführen sein.

Saint-Benoît-sur-Loire, Abteikirche

Die Abtei ist auch unter dem Namen Fleury, Abtei von Fleury, Saint-Benoît-de-Fleury oder Fleury-sur-Loire geläufig.

Nach Wikipedia soll die Abtei Saint-Benoît-sur-Loire zwischen 630 und 650 durch Mönche aus Orléans gegründet worden sein. Im Jahr 672 soll dann die Translation der Reliquien des hl. Benedikt aus Montecassino in die Kirche erfolgt sein. Im 8. Jh. sei dann der Patrozinienwechsel von St. Pierre (St. Peter) zu St. Benedikt zu verzeichnen.

Die französische Wikipedia nennt etwas andere Jahreszahlen und liefert einige Details. So soll die Abtei 651 gegründet worden sein. Sie soll zwei Oratorien besessen haben, eines war dem hl. Petrus geweiht und das andere der hl. Maria. Schon zwischen 653 und 660 sollen die Reliquien des hl. Benedikt zuerst in St. Peter, später dann im Oratorium der hl. Maria deponiert worden sein.

Nach der Zerstörung durch die Normannen bzw. mehreren Bränden und entscheidend durch den großen Brand von 1026 erfolgte der Beschluss für einen kompletten Neubau.
Der Neubau soll 1020 mit dem monumentalen Portalturm begonnen worden sein.
Ab 1067 sollen die Krypta mit den Reliquien des hl. Benedikt, der Chor und das Querhaus errichtet und 1108 fertiggestellt worden sein.
Das Langhaus soll ab 1150 dann dazwischengebaut worden sein.
Die Schlussweihe datiert dann 1218.

1108 soll Philipp I.aus der Dynastie der Kapetinger, angeblich von 1059 bis zu seinem Tod König von Frankreich, im Kloster bestattet worden sein. Sein Grab sei erhalten. Es sei "das einzige noch existierende ursprüngliche Königsgrab eines Königs von Frankreich".

Die französische Wikipedia nennt die Kirche St. Peter (Saint-Pierre), die zwischen 786 und 801 wiederaufgebaut(?), 865 durch die Normannen niedergebrannt und danach (vor 883) wieder aufgebaut worden sein soll. Nach einem erneuten Brand 1026 wurde unter Abbé Gauzlin (1004-1030) der Bau repariert. Im 11. Jh. gab es anscheinend auch einen Wiederaufbau. Im 14. Jh. soll der Bau eine Ruine gewesen sein. 1681 soll an der Stelle eine Kapelle wiederaufgebaut worden sein.

Das Oratorium der hl. Maria (Notre-Dame) soll von Abt Mommole (632-663) erweitert worden sein, der dort die Reliquien des hl. Benedikt unterbrachte. Abt Odon (930-943) soll die Krypta errichtet haben, in der die Überreste des Heiligen aufbewahrt wurden. Nach zwei Bränden 974 und 1002 soll die Schatzkammer zur sicheren Aufbewahrung der Reliquien errichtet worden sein.

1026 zerstörte ein Großbrand das wiederaufgebaute Kloster. Abt Guillaume (1067-1080) ließ dieses nach einem neuen Plan wieder aufbauen.

Das Baujahr des Portalturms sei umstritten. Es liegt zwischen 1020 und 1035 oder sogar etwas später. 1108 sollen Chor und Querschiff fertiggestellt gewesen sein. Das Langhaus soll unter Abt Bartélémy (1215-1235) wieder aufgebaut worden sein.

Vorgängerbauten (Les eglises primitives)

Bei den Ausgrabungen 1923 und 1958/59 wurde ein Vorgängerbau aufgedeckt. Dieser war nach BERLAND ein Saalbau mit einem Querhaus im Osten und einem gerade geschlossenen Chor. Unmittelbar östlich der Chorwand ergrub man eine "seltsame Konstruktion".

Diese "seltsame Konstruktion": Zwei niedrige Mittelwände im Abstand von 1,50 m, zwei Säulenbasen, zwei leicht geschwungene Wände, die plötzlich nach Norden bzw. Süden abknicken und mittig einen Durchgang offenlassen, der nach Osten zu einem unbekannten Bauwerk führte, dessen Reste durch den Chorbau der aktuellen Kirche für immer verloren sind. [BERLAND 1960, 31]

BERLAND sieht in diesen Resten ein Friedhofsoratorium oder einen Teil der von Abt Odon um 930 erbauten Krypta zur Verehrung der Reliquien des hl. Benedikt.

Zwischen den beiden Wänden und der Ostwand des Chors sieht er ein Arkosolium (oder eine Bogennische), das den Sarkophag des Heiligen aufnahm. Dieser Raumteil war gewölbt. Fragmente des Gewölbes belegen, dass dieses mit nichtfigürlichen Fresken bemalt war.

Dieser mittlere Raum war von zwei kleinen Seitennischen (petites loges) flankiert, die zugänglich wurden durch die Freilegung einer Säule, die einen Balken stützte, der das Gewölbe trug (Originaltext: "On accédait à ces petites loges grâce au dégagement d'une colonne qui supportait une poutre dont le but était de recevoir la retombée des voûtes."). Leider hat BERLAND seiner Beschreibung der Grabungsbefunde keine Skizze beigefügt, so dass für mich seine Beschreibung unverständlich blieb. Wo stand die Säule? Wie verlief der Unterzug? Welches Gewölbe? Usw.

Den Altar "ad sancta" sieht BERLAND entweder zwischen den Säulen oder am Eingang des Zugangs gegenüber der "Confessio".

Bezüglich des östlichen Zugangskorridors denkt er, dass dieser zu einer Rotunde geführt haben könnte, welche dem Aufenthalt der Gläubigen gedient hätte. Als Vergleichsbeispiele sieht er die Krypta von Saint-Germain d'Auxerre oder die Krypta von Flavigny. Die Verbindung der Anlage zur Oberkirche sei unklar, da die Ergebnisse der Ausgrabungen in diesem Bereich zu fragmentarisch seien.

In einem gesonderten Artikel [BERLAND 1958, 17ff] in der Schriftenreihe *Renaissance de Fleury* hat BERLAND bereits vor den Grabungen aufgrund der Schriftquellen eine Rekonstruktion der sog. Krypta des hl. Odon versucht. Er rekonstruierte damals eine *cella trichora* vor dem gerade geschlossenen Chor der Abteikirche, die dem hl. Martin gewidmet war. Die späteren Grabungen haben diesen Ansatz widerlegt, weshalb BERLAND später (siehe oben) doch eher eine Chorscheitelkapelle vermutet.

Das Grab Philipp I. wurde bei den Grabungen geöffnet. Der nach Osten orientierte Grabraum war ohne große Sorgfalt mit großen, bearbeiteten Steinen hergestellt. Der Körper war mit Blättern und Zweigen aus Nussbaum und Minze bedeckt mit dem angeblich offensichtlichen Anliegen, ihn einzubalsamieren. Es wurden keine königlichen Insignien und keine Grabbeigaben gefunden. Fazit: Das Grab eines reuigen Sünders. [BERLAND 1960, 30]

Alle Bestattungen waren anonym, einige Sarkophage waren einfach skulptiert. Es gibt keine Hinweise, dass dort ehemalige Äbte oder Mönche begraben sind.

Alternative Rekonstruktion der Baugeschichte

Angenommen, die überlieferten Daten der Gründung sind reale Datierungen, so können sie nur merowingisch/spätantik sein. Damit müssen sie in u. Z. korrigiert werden. Die Ankunft der Mönche hätte dann zwischen 1048 und 1068 bzw. 1069 (Gründung der Abtei nach franz. Wikipedia) stattgefunden. Die Übertragung der Reliquien des hl. Benedikt wäre 1090 erfolgt. Diese korrigierten Datierungen wären durchaus plausibel.

Nach meiner Auffassung erfolgte die Gründung der ersten Kirche, einer Eigenkirche des Grundherrn, in der zweiten Hälfte des 11. Jh., eher im letzten Viertel des 11. Jh. Dieser Bau war - wie die Ausgrabungen belegen - ein Saalbau mit einem östlichen, vermutlich durchgehenden Querhaus und einem Chorquadrat und hatte möglicherweise zunächst im Osten einen geraden Abschluss. Er war möglicherweise St. Peter gewidmet.

Der erhöhte Chorbereich erstreckte sich vermutlich bis an die Grenze zum Querhaus (Triumpbogen). Das legen die Bestattungen in der Vierung nahe, die offensichtlich auf diese westliche Chorabschlussmauer ausgerichtet waren. Sie wären damit die älteren Bestattungen. Ich sehe in den Bestattungen

Gräber der Angehörigen bzw. aus dem Umkreis des Grundherrn.

Die um 1100 "erlangten" Reliquien des hl. Benedikt wurden in diese Kirche transferiert. Mit dem sich um die Reliquien entwickelnden Kult erfolgte später der Patrozinienwechsel zu St. Benedikt.
Der Bau hatte vermutlich anfangs noch keine Krypta. Für die Unterbringung der Reliquien wurde eine solche nachträglich errichtet, indem man dem ursprünglich gerade geschlossenen Chor eine Apsis hinzufügte, in deren Untergeschoss eine Umgangskrypta angeordnet wurde.

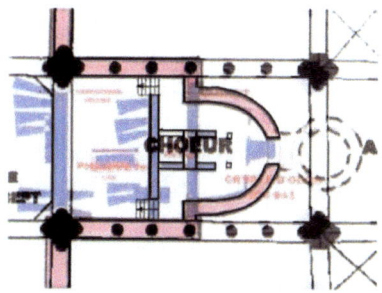

Saint-Benoît-sur-Loire (Fleury), Krypta. Rekonstruktionsvorschlag

Mit Sicherheit war diese, entgegen BERLAND, vom Kircheninneren aus zugänglich, vermutlich durch die zwei ergrabenen seitlichen "Nischen", die BERLAND falsch als Nischen deutete.
Der Sarkophag oder Reliquienschrein war vermutlich zwischen den beiden Mittelwänden aufgestellt. Die beiden Säulen östlich dieser gewölbten Raums stützten das Gewölbe des Umgangs.
Möglicherweise waren die niedrigen Wände auch Abschrankungen und die Gewölbe lagen auf Unterzügen auf,

die von einem zusätzlichen Säulenpaar im Bereich der "Mittelwände" getragen wurden.

Einen Altar gab es im Bereich der Umgangskrypta selbst nicht. Der östliche Durchgang könnte - wie BERLAND bereits vermutete - zu einer kleinen, möglicherweise runden Kapelle geführt haben, ähnlich wie in Saint-Germain d'Auxerre oder Flavigny. Auch in Saint-Benoît-sur-Loire war diese offenbar eine Marienkapelle. Diese dürfte mit einem Marienaltar ausgestattet gewesen sein.

Der Vorgang war, wie auch bei Saint-Germain d'Auxerre und Flavigny, dass nachträglich eine Verehrungsstätte für die hl. Maria geschaffen wurde.

Eine separate Kirche Notre-Dame gab es natürlich nicht, nur diese Chorscheitelkapelle. Das Marienpatrozinium hat sich bis in den aktuellen Bau erhalten, indem der Chor heute zwei Altäre beherbergt, einen für den hl. Benedikt, den anderen für die hl. Maria.

Mit der Errichtung der Apsis konnte in der Oberkirche der Hauptaltar weiter nach Osten gerückt werden. Die neue Chorabschlusswand konnte ebenfalls weiter östlich angeordnet werden. Die jüngeren Bestattungen wurden an dieser ausgerichtet.

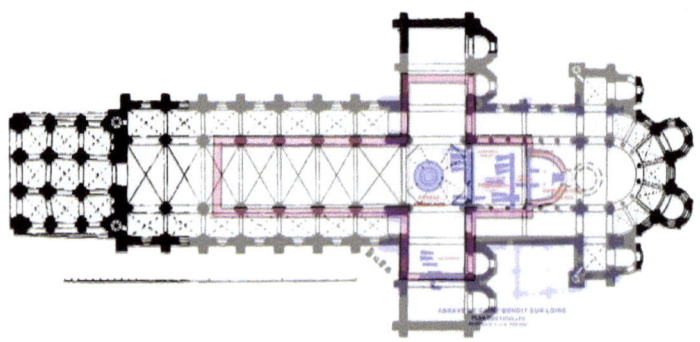

Saint-Benoît-sur-Loire (Fleury), Abteikirche (mit Eintragung des Vorgängerbaus)

Die für 1108 überlieferte Weihe könnte zu diesen Baumaßnahmen gehören.
Die Klostergründung sehe ich erst zu diesem Zeitpunkt.

Für die Errichtung im ausgehenden 11. Jh. spricht die Konzeption des Gründungsbaus, die schon dem quadratischen Schematismus folgt (Vierung, Chorquadrat, Querarme). Das Westende des Gründungsbaus wurde offenbar nicht ergraben. Die von BERLAND der "Eglise primitive" am Portalturm zugewiesenen Reste erachte ich für zweifelhaft. Damit hätte der erste Kirchenbau ein ungewöhnlich langgestrecktes Langhaus besessen, wofür ich keine Begründung sähe.

Das sog. Grab Philipp I. halte ich für eine spätere Erfindung. Es gibt nicht einen Hinweis auf eine solche Zuweisung - außer der späteren Tradition.

Nicht 1026 sondern um 1150 sehe ich den Neubau der Abteikirche. Ich denke, dass der Neubau um den vorhandenen Bau herum begonnen wurde, ohne diesen zunächst zu beeinträchtigen. Vermutlich wurden der sog. Portalturm, m. E. eine Vorkirche (wie in Romainmôtier, Tournus, und Vezelay), und der Umgangschor gleichzeitig begonnen. Die Kapitellplastik der Vorkirche und des Chors ist zweifelsfrei spätromanisch, also auf jeden Fall nach Mitte des 12. Jh.
Das Langhaus wurde danach dazwischengebaut. Die Fertigstellung wird in der ersten Hälfte des 13. Jh., vielleicht um die Mitte des 13. Jh. erfolgt sein. Die Schlussweihe von 1218 könnte dem entsprechen.

BERLAND glaubte, den Brand von 1026 nachgewiesen zu haben, weil er in den Fugen eines in der Vierung freigelegten Pflasters ca. 10 kg Blei gefunden hat, das nach seiner Meinung von einer bei dem Brand geschmolzenen Dacheindeckung aus Blei stammen würde. Zum einen glaube ich nicht, dass generell alle Kirchen des 11. Jh. mit Blei eingedeckt waren, zum anderen wäre die gefundene Menge für dieses Szenario viel zu gering. Ich gehe davon aus, dass das Pflaster als Arbeitsebene beim Neubau des 12. Jh. diente. Das Blei könnte z. B. von der Verdübelung der Werksteine stammen, z. B. der Stützen der Mittelschiffsarkaden.

Etwas verwundert die abweichende Ausrichtung der Klosteranlage zur Kirche. Möglicherweise wurde mit der Klosteranlage vor dem Kirchenneubau des 12. Jh. begonnen. Vielleicht beabsichtigte man ursprünglich eine andere Ausrichtung des späteren Kirchenneubaus. Mit Beginn des Neubaus der Kirche erfolgte eine Planänderung. Man übernahm wieder die bisherige Ausrichtung der Kirche. Einmal konnte der Altbau so lange wie möglich genutzt werden. Zum anderen konnten die Fundamente teilweise wiederverwendet werden.

Paris, Abteikirche Saint-Germain-des-Prés

Saint-Germain-des-Prés gilt als die älteste Kirche von Paris. Ein erster Kirchenbau soll schon im Jahr 558 geweiht worden sein. Dieser Bau, unweit der Île de la Cité, jedoch außerhalb der Stadtmauern, soll ab 557 durch Childebert I. (511-558) errichtet worden sein und soll zunächst dem Heiligen Kreuz und dem heiligen Vincenz von Saragossa (Basilique Sainte-Croix et Saint-Vincent) geweiht gewesen sein. Der Bau soll als Grablege der merowingischen Könige gedient haben, bevor die Abteikirche in Saint-Denis diese Funktion übernahm.
Als erster König soll Childebert I. 558 durch den Bischof Germanus von Paris in dieser Kirche bestattet worden sein.
576 soll Bischof Germanus selbst in der Kirche bestattet worden sein. 755 sollen seine Gebeine im Zuge der Heiligsprechung durch die Karolinger Pippin den Jüngeren und dessen Söhne Karl und Karlmann hinter den Hauptaltar übertragen worden sein. Diese Erhebung soll später zu dem Patrozinienwechsel Saint-Germain geführt haben.
Im 9. Jh. soll die Kirche von den Wikingern geplündert und niedergerannt worden sein. Die Abtei wurde Anfang des 19. Jh. größtenteils zerstört. [Wikipedia]

Nach Wikipedia wurden in dem Vorgängerbau Saint-Vincent-Sainte-Croix beigesetzt (in Klammern die in u. Z. korrigierten Datierungen):

558 (976): Childebert I., fränkischer König
nach 567 (985): Ultrogotho, Ehefrau Childebert I.
576 (994): Germanus von Paris, Heiliger
584 (1002): Chilperich I., fränkischer König
598 (1016): Fredegunde, fränkische Königin
629 (1047): Sichildis, fränkische Königin
630 (1048): Chlothar II., fränkischer König
675 (1093): Childerich II., fränkischer König

Anmerkung: Childerich II. halte ich für ein Konstrukt. Er war m. E. kein Herrscher auf dem merowingischen Königsthron. Die merowingische Königtum endete mit Dagobert I. (†1057).

Alternative Rekonstruktion der Baugeschichte

Die Datierungen des 6. Jh. wären - soweit wirklich reale Datierungen - merowingisch/spätantik. Nach entsprechender Korrektur würde die erste Kirche 976 geweiht worden sein.

Ich halte diese Datierung für zu früh. Vermutlich war die Tradition bemüht, den Bau zumindest noch einem Sohn Chlodwig I. zuzuschreiben. Da Childebert I., König des Teilreichs Paris, 558 starb, musste die Weihe in dieses Jahr datiert werden.
Die Bestattung Childeberts durch Bischof Germanus ist ebenfalls konstruiert, genauso wie dessen Translation im Jahr 755 hinter den Hauptaltar. Natürlich sind die karolingischen Akteure Bestandteil des Konstrukts.

Wie im Abschnitt *Und Frankreich?* als These ausgeführt, wurde Paris in der Katastrophe um 522/um 940 zerstört bzw. verwüstet. Paris kam danach weder als Residenz eines Königs noch als Grabstätte für einen König infrage, natürlich auch nicht als Standort für eine Kirche.

Nach Wikipedia soll Paris seit dem 3. Jh. Bischofssitz gewesen sein., doch das stimmt so nicht. Der Bischof des 3. Jh. war der Vorsteher einer frühchristlichen Gemeinde und besaß keine territorialen Befugnisse, nicht vergleichbar mit einem Bischof des Mittelalters bzw. der heutigen Zeit. Während des Mittelalters soll Paris Suffraganbistum des Erzbistums Sens gewesen sein. Erzbistum wurde Paris erst im 17. Jh.

Infolge der Zerstörung durch die globale Naturkatastrophe kam Paris auch im Zuge der erstmaligen Aufteilung des Frankenreichs in Bistümer (nach Begründung der fränkischen Landeskirche), die ich um die Jahrtausendwende sehe, als Bistumssitz nicht infrage.

Aus diesem Grund wurde damals nicht Paris sondern Sens zum Bischofssitz. Sens liegt zwar auch an einem Fluss, der Yonne, war aber vielleicht von der Katastrophe weniger betroffen.

Erzbistümer und Suffraganbistümer gibt es erst seit dem 12. Jh. im Zusammenhang mit den Aktivitäten der römischen Kirche, machtpolitisch in der fränkischen Landeskirche Fuß zu fassen. Nachdem Paris als Stadt wieder auferstanden war, wurde Paris im 12. Jh. zum Bistum erhoben, jedoch nur Suffraganbistum von Sens.

Vor diesem Hintergrund kann Germanus im 6. Jh. (korrigiert in u. Z. = 10. Jh.) nicht Bischof von Paris gewesen sein, schon gar nicht der Zwanzigste.

Womöglich war das angebliche Grab des hl. Germanus das bessere Argument bei dem Wettbewerb um die Gläubigen, weshalb Germanus statt Vincent als Patron letztendlich den Vorzug erhielt.

Sämtliche, angeblich merowingische, Bestattungen in der Kirche halte ich - wie auch die frühen Bestattungen in der Abteikirche in Saint-Denis (siehe dort) - ebenfalls für konstruiert. Meines Wissens gibt es keinen archäologischen Beweis dafür. Im Abschnitt zu Saint-Denis hatte ich genauso die Bestattung Chlodwigs I. in der Kirche Saint-Apôtres Pierre et Paul (später Sainte-Geneviève) für erfunden erachtet.

Insgesamt sehe ich vor den Valois keine königlichen Gräber in irgendwelchen Kirchen. Erst die Könige des Hauses Valois begannen damit, ihre Grabstätten in Kirchen zu wählen. Die Merowinger, deren Herrschaft mit dem Tod Dagoberts I. endete, bestatteten ihre Könige vermutlich noch nach antikem Brauch auf entsprechenden Nekropolen.

Nach meiner Auffassung wurde auch die Kirche Sainte-Croix erst im späten 11. Jh. errichtet. Ende des 11. Jh. rückte das hl. Kreuz infolge des vermeintlichen Verlustes in Jerusalem in den Fokus. Möglicherweise ist das Patrozinium des hl. Kreuzes vor diesem Hintergrund gewählt worden. Dieser Bau war sicher zunächst eine Eigenkirche.
Im 12. Jh. erfolgte ein Neubau, von dem Reste in dem heutigen Bau erhalten sind.

Das Patrozinium Saint-Vincent wurde vermutlich später hinzugefügt, begleitet von der fingierten Geschichte um die Erbeutung der Reliquien in Saragossa.
Die Gründung des Klosters außerhalb des eigentlichen Stadtgebietes und außerhalb der Stadtbefestigung spricht m. E. ebenfalls für eine spätere Entstehung.

In diesem Zusammenhang wäre überlegenswert, ob nicht Notre-Dame-de-Paris die ältere Gründung ist.
Notre-Dame-de-Paris, die wie der Name ausweist, der Gottesmutter Maria geweiht war, soll von 1163 bis 1345 erbaut worden sein und soll einen Vorgängerbau ersetzt haben, der unter Childebert I. (511-558) um 540/550 errichtet worden sein soll. Dieser erste Bau soll das Patrozinium St. Etiénne (St. Stephanus) besessen haben. [Wikipedia].
Die traditionelle Datierung um 540/550 (korrigiert um 968/978) ist natürlich zu früh. Zu dieser Zeit lag Paris noch in Trümmern bzw. unter einer dicken Schlammschicht.
Auch der Vorgängerbau von Notre-Dame, die Eigenkirche St-Etiénne, dürfte frühestens in der zweiten Hälfte des 11. Jh., also ca. 100 Jahre später, gegründet worden sein. Das Marienpatrozinium wird im 12. Jh. das ursprüngliche Stephanspatrozinium abgelöst haben.

Ich denke, dass es vor dem aktuellen Bau eine romanische Bauphase gab. Der heutige, gotische Bau ist ein Bau des 13./14. Jh.
Die Errichtung auf der Île de la Cité, also mitten in der Stadt, legt nahe, dass dieser Bau die früheste und bedeutendste Kirche im Stadtgebiet von Paris war.

Soissons, St. Medard

Die Tradition: Gründung der Abtei durch König Chlothar I. (511-561) und Bau einer Kirche über dem Grab des hl. Medardus. Dessen Leichnam hatte Chlothar zuvor nach Soissons übertragen und dort auf dem königlichen Fiskus Croviacus vor den Mauern der Stadt bestatten lassen. Fertigstellung der Kirche unter seinem Sohn Sigibert (561-575). Sowohl Chlothar I. als auch Sigibert wurden vor dem Medardusgrab beigesetzt. [JACOBSEN 1983, 247]

Völliger Neubau der Abteikirche durch Hilduin nach Überführung der Gebeine des hl. Sebastian von Rom und zwei Jahre später die der hll. Marcellinus und Petrus. Dieser Neubau war 841 weitgehend fertiggestellt. 886 Plünderung und Brandschatzung durch die Normannen. Danach Wiederaufbau unter König Odo (888-898).[ebd., 249ff]
Danach Befestigung des Abteiareals.

Die ursprünglich königliche Abtei kam im 10. Jh. an die Grafen von Vermandois, wurde jedoch 1048 in den königlichen Schutz unter Heinrich I. (1031-1060) übernommen. [ebd., 251f]

1060 wird die Abtei und Kirche als bestehend genannt, 1079 die Existenz einer Krypta .
1131 wurde die Medardusbasilika durch Papst Innozenz II (1130-1143) konsekriert. Die in den Folgejahren überlieferten Altarweihen lassen einen Neubau oder Umbau vermuten. [ebd., 253]

Von der Abteikirche ist nur die Krypta in großen Teilen erhalten. Die Krypta eine Kammerkrypta. Der Ostabschluss nicht erhalten. Die heutige Ostwand 19. Jh. Von einem Nord-Süd-verlaufenden Quergang sieben parallele, nach Osten weisende Kammern zugänglich. Die Zugänge von Westen vermutlich aus dem Seitenschiff, am Nord- bzw. am Südende des Quergangs. Vom Quergang zweigen nach Westen drei tiefe, schlanke Kammern ab, die mittlere mit Einblicköffnung(?) vom Mittelschiff.

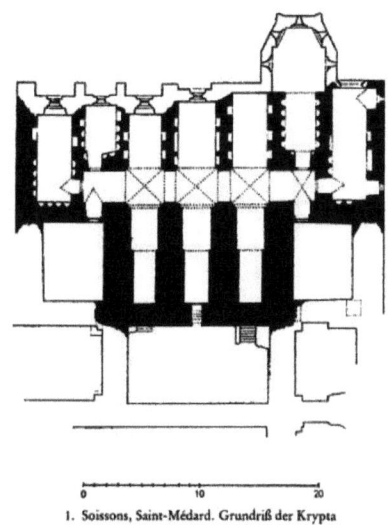

1. Soissons, Saint-Médard. Grundriß der Krypta

Soissons, St. Medard. Krypta (Bestand). Entnommen aus [JACOBSEN 1983, 245]

Vom einstigen Aussehen der Abtei und ihrer Kirche geben nur einige Ansichten des 18. Jh. und um 1600 und ein Grundrissplan des 16. Jh. Auskunft. "Die mittelalterlichen Bauten entziehen sich im übrigen unserer Kenntnis bis auf die erhaltene Krypta." [ebd., 254]

Die Abteikirche war nach dem Plan des 16. Jh. offenbar eine langgestreckte, dreischiffige Basilika ohne Querhaus. Im Osten sieben parallel angeordnete Kapellen, davon jede zweite, das sind die mittlere und je eine weitere südlich und nördlich der mittleren, vor die Ostflucht hinausragend, wovon nur die südliche in der Erneuerung von 1970 erhalten ist. Im östlichen Drittel waren auf der Nordseite und wohl auch auf der Südseite je ein Rechteckturm angebaut. Den Westabschluss bildete ein Westbau in der vollen Breite des Langhauses, dem im Norden und Süden je ein massiver Rechteckturm angefügt war, womit eine weit ausladende überproportionierte Westfront vorlag. [ebd., 267]

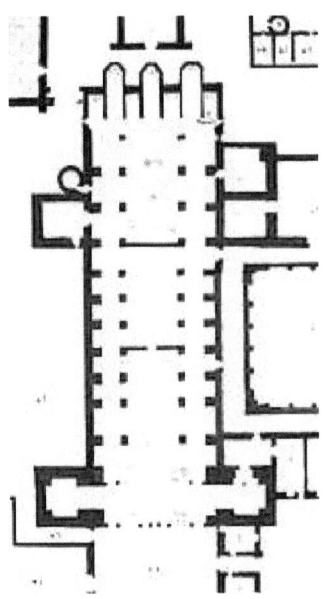

Soissons, Plan der Abtei (Ausschnitt), Zustand vor 1567 [http://sahs-soissons.org/photos_gravures/Saint-Medard%20plan.JPG]

JACOBSEN lehnt die traditionelle Datierung der Krypta in das 9. Jh. ab und datiert die Krypta sowie den gesamten Bau aufgrund der Formentwicklung und der qualitätvollen Steinbearbeitung und Mauertechnik um 1030. Nach seiner Auffassung ist die Einordnung in die frühe romanische Architektur nicht anzuzweifeln. "Man fühlt sich unwillkürlich an die Speyerer Krypta erinnert ... Der Vergleich mit Speyer markiert - auch von der Raumgröße her - recht genau die mögliche zeitliche Einordnung der Medarduskrypta in die erste Hälfte des 11. Jahrhunderts: ..." [ebd., 256].

"Um so verwunderlicher erscheint, wie es in der französischen Forschung angesichts des so formentwickelten Querganges der Medarduskrypta zu einer Frühdatierung in das 9. Jahrhundert kommen konnte. Und nicht weniger verwunderlich ist, daß sich eine solche Frühdatierung bis zum heutigen Tage ohne geringste Bedenken gehalten hat." [ebd., 256]

Nach JACOBSEN käme die Krypta in Soissons der Krypta der Kathedrale St-Étienne in Auxerre (trad. nach 1023 begonnen) am nächsten. Schon Mitte des 11. Jh. wäre ein solcher Raum gänzlich ohne Kapitelle und Kämpfer auch in der Region von Soissons kaum mehr denkbar [ebd., 263].

Alternative Rekonstruktion der Baugeschichte

JACOBSEN scheitert hier an demselben Problem, welches er bei der Datierung der Medarduskrypta als Argument für sich in Anspruch nimmt: "Alle kunstwissenschaftlichen wie interdisziplinären Interpretationsansätze müssen hier notwendigerweise von wenigen gesicherten Objekten ausgehen, doch schon die Datierung einzelner Objekte oder ganzer Objektgruppen mit Hilfe eines datierbaren Vergleichsbeispieles droht wie ein Kartenhaus in sich zusammenzufallen, sobald an dem einen zeitlichen Ansatz, welcher die Gruppe stützt, Zweifel auftreten." [ebd., 245]

Für seine stilistische Einordnung der Medarduskrypta verweist er auf die Speyerer Krypta und die Krypta in der Kathedrale St-Étienne in Auxerre, die beide traditionell in das frühe 11. Jh. datiert sind.

Bei beiden Vergleichsobjekten liegt er zugleich richtig und falsch. Die Ähnlichkeit mit Speyer und Auxerre mag durchaus zutreffen, jedoch die Datierung nicht. Die Krypta des Doms in Speyer habe ich in [MEISEGEIER 2019-2,197ff] in den Anfang des 12. Jh. datiert und die Krypta von St-Étienne in Auxerre (siehe Abschnitt *Auxerre, St-Germain*) ebenso in die erste Hälfte des 12. Jh. Bleibt man bei diesen Vergleichsobjekten, muss die Krypta in Siossons auch in die erste Hälfte des 12. Jh. gerückt werden.

Das Argument von JACOBSEN, dass schon Mitte des 11. Jh. ein solcher Raum gänzlich ohne Kapitelle und Kämpfer auch in der Region von Soissons kaum mehr denkbar wäre, ist wenig stichhaltig, da sämtliche Vergleichsobjekte neu zu überdenken sind.

JACOBSEN sieht bei der Medarduskrypta vom Grundriss her nur eine Vergleichbarkeit mit der Krypta von St. Willibrord in Echternach [JACOBSEN 1983, 260]. Dort liegen fünf Kammern nebeneinander mit einem verbindenden Quergang im westlichen Bereich. Die Echternacher Anlage ordnet er jedoch eher den Krypten von Fulda-Petersberg und Schlüchtern zu, die traditionell um 800 gesehen werden, wobei er Echternach wie CÜPPERS nach den Verwüstungen der Normannen, d. h. nach 940 sieht. Die Krypta von Soissons hält er jedoch für deutlich entwickelter und damit später.

Mit Sicherheit sind auch die von ihm genannten Vergleichsobjekte Echternach, Fulda-Petersberg und Schlüchtern deutlich jünger, aber darauf soll hier nicht eingegangen werden.

Vielleicht findet sich für die Schmucklosigkeit der Krypta eine weitere Begründung. Der Grundriss der Abteikirche mit seinen sieben Kapellen im Osten der Oberkirche erinnert sehr stark an die Chorlösung von Kirchen der Zisterzienser, obwohl ich in der Geschichte der Abtei keine Hinweise auf die Zugehörigkeit diesbezüglich finden konnte. Zweifellos ist auch zu bedenken, dass der überlieferte Plan aus dem 16. Jh. stammt, also keinesfalls zwingend den Zustand beim Bau der Kirche zeigt. So könnte ich mir vorstellen, dass die drei über die Ostflucht vorspringenden Kapellen später sind, d. h. dass der ursprüngliche Ostschluss vielleicht gerade war.

Schon der Idealplan einer Zisterzienserabtei zeigt im Osten sechs mit Altären ausgestattete Kapellen nördlich und südlich neben dem Hauptchor. Auf diesen Idealplan wird auch in Wikipedia hingewiesen, wobei die Zisterzienser offenbar keine Bauvorschriften kannten. "In den vorliegenden Schriftquellen finden sich nur Verbote, die den Bauluxus betreffen." [Wikipedia]

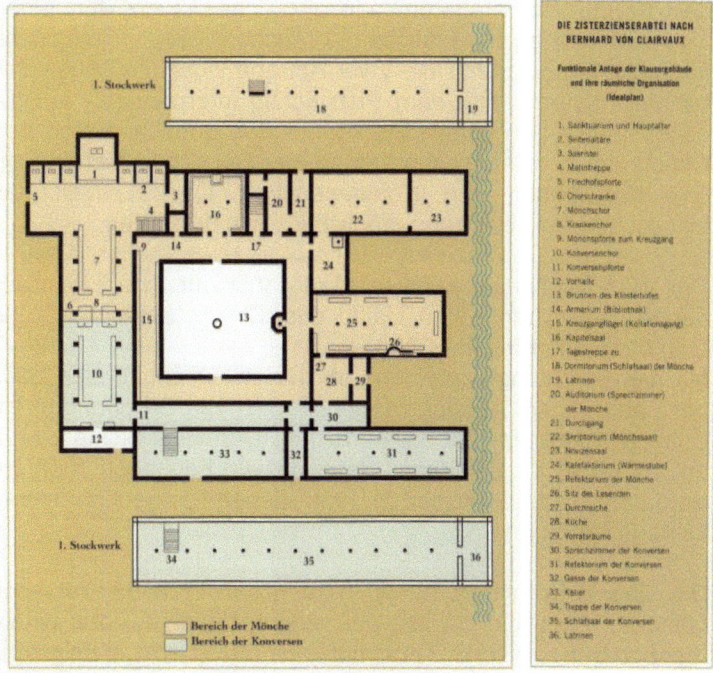

Idealplan einer Zisterzienserabtei nach Bernhard von Clairvaux [LEROUX-DHUYS/GAUD, 52]

So ist auch erklärlich, dass nur selten die Kirchen der Zisterzienser dem Idealplan in allen Punkten folgten. So hatte die Zisterzienserabtei in Fontenay nur je zwei Kapellen neben dem Hauptchor. Wiederum die Klosterkirche in Eberbach entsprach diesbezüglich dem Idealplan mit je drei Kapellen nördlich bzw. südlich des Hauptchors. Bekannte Verbote betreffen neben der Schmuckarmut, die Anordnung von Türmen und einer Krypta.

Die Abteikirche von Soissons wich sicher in mehreren Punkten von diesem Idealplan ab, so besaß sie kein Querhaus, weswegen der Hauptchor aus Platzgründen zu einer kleinen Kapelle schrumpfte. Darüber hinaus besaß sie offenbar Türme und natürlich eine ausgedehnte Krypta. Die Schmucklosigkeit der Krypta ist wiederum ein mögliches Indiz für einen zisterziensischen Einfluss. Auch die liturgische Innengliederung durch die zwei Abtrennungen im Mittelschiff könnte - sofern nach dem Plan richtig interpretiert - auf die Zisterzienser verweisen. So könnte der Bereich östlich des Ostlettners den Mönchchor bilden, der Bereich zwischen Ost- und Westlettner den Konversenchor. Der Westteil des Mittelschiffs verblieb dann möglicherweise den Laien.

Der zisterziensische Einfluss würde auch für eine Errichtung der Kirche in der ersten Hälfte des 12. Jh. sprechen (1098 Gründung des Klosters Citeaux).

Mit der Errichtung der Kirche im 12. Jh. wird offenbar, dass der Bau mit der Gründungslegende, d. h. die Gründung durch Chlothar I., der im 10. Jh. herrschte, eigentlich nichts zu tun haben kann, es sei denn, dass dazwischen noch mehrere Vorgängerbauten existierten, von denen es jedoch bisher keine Spuren gibt.

Die Datierung in das 12. Jh. wird noch durch die Tatsache gestützt, dass die Kirche auf einem Friedhof über einem "besonderen" Grab errichtet wurde, so wenigstens interpretiere ich die Bestattung des Leichnams des hl. Medardus auf dem königlichen Fiskus Croviacus vor den Mauern der Stadt. Die Errichtung solcher Memorialbasiliken kommt generell erst Ende des 11. Jh. auf.

Das Patrozinium des hl. Medard lässt vermuten, dass die Reliquien des hl. Medard in der Kirche verwahrt wurde. (Die Nachricht über die angebliche Translation der Gebeine des hl. Sebastian die der hll. Marcellinus und Petrus ist ohne Zweifel eine Fälschung). Der Ort der Aufbewahrung der Reliquien dürfte in der Krypta zu suchen sein, und zwar im Mittelstollen der drei nach Westen abzweigenden Stollen, welche sicher Sarkophagnischen waren. Der mittlere, offenbar für den Hauptheiligen, verfügte über eine Einblicköffnung vom Mittelschiff. Wem die beiden seitlichen Sarkophagnischen galten, ist unbekannt.

Eine ähnliche Disposition kennen wir aus St-Philbert-de-Grand-Lieu.

Die Kammern der Krypta scheinen die Kapellenanordnung in der Oberkirche in etwa zu wiederholen. Die Nischen in den Kammern dürften wie andernorts auch der Aufstellung von Kerzen oder Leuchtern gedient haben. Das wäre ein Hinweis, dass die Kammern zumindest zeitweise dem Aufenthalt von Personen gedient haben. Ich vermute in den Kammern Familiengrüfte des örtlichen Adels. Sie ermöglichten eine Bestattung der Toten in der Nähe des Heiligengrabes. Natürlich konnten auch Gedenkgottesdienste für die Verstorbenen in den Kammern abgehalten werden. Ihre Nutzung und Dienstleistung ließen sich die Mönche sicher gut bezahlen.

Anhang

Frühe Kirchenbauten in Deutschland und in der Schweiz - eine Nachlese

In [MEISEGEIER 2019-1] und [MEISEGEIER 2019-2] hatte ich mich bereits mit den frühen Kirchen in Deutschland und in der Schweiz befasst. Trotzdem sind ein paar, m. E. sehr interessante Kirchen "liegengeblieben". In dieser Nachlese möchte ich diese Lücke ein klein wenig schließen.

Füssen, Kloster St. Mang

Das Benediktinerkloster St. Mang soll in der ersten Hälfte des 9. Jh. als Eigenkloster der Bischöfe von Augsburg errichtet worden sein. Seine Gründung soll auf den hl. Magnus zurückgehen, der an dieser Stelle eine Zelle und ein Oratorium erbaut haben soll. [Wikipedia]
Der Ersatz der Magnuszelle durch eine Kirche angeblich unter Bischof Nitkar (ca. 816-830). Die nachträgliche Erhebung der Gebeine um 845. [JACOBSEN/SCHAEFER/SENNHAUSER, 131]
Für das Jahr 1143 ist eine Weihe überliefert.
1313 wurde das Kloster bischöflich-augsburgisch und blieb dies bis zur Säkularisation 1803 [PÖRNBACHER, 4].
In der heute barock überformten, ursprünglich romanischen Kirche existiert unter dem Chor eine Krypta, die jedoch weitaus älter erscheint. Die Bauforschung hat sich bis heute mit der Beurteilung und Einordnung der alten Baureste schwergetan.

Die Krypta (Umgangskrypta?) nach [OSWALD / SCHAEFER / SENNHAUSER, 83] ein rechteckiger Raum, von dem an der Ostseite ein schmaler Querteil durch eine Dreierarkade auf schweren Pfeilern abgetrennt ist. Im Hauptraum baldachinartiges Zentrum auf vier Pfeilern und zwei Säulen, tonnengewölbt. Der Raum ringsum mit breiterer Tonne überdeckt. Stützen mit primitiven Einzelformen untereinander

durch Korbbögen verbunden. Jüngerer Eingang an der Westseite. In der Ostwand mittlere Altarnische und seitlich je ein Fenster.
Neuere Funde wie Rundfenster, die in einen verfüllten Gang münden sowie ein durch ein Baukonstruktion verdecktes Fresko aus der Zeit um 1000 veranlassten OSWALD zu den Formulierungen: "Komplizierung des Befundes bis zur derzeitigen Unlösbarkeit ... über den ursprünglichen Zustand nur Vermutungen möglich". Datierung der Anlage in das 10. Jh.(?).

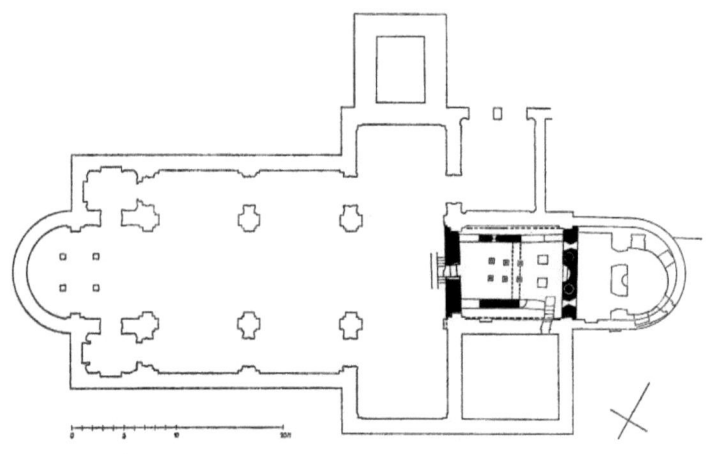

Füssen, St. Mang. Grundriss entnommen aus [OSWALD/SCHAEFER/SENNHAUSER, 83]

JACOBSEN sieht als einzigen bislang gesicherten Rest einer Kirche unbekannten Typs mit Winkelgangkrypta (?) ein Teil der südlichen Binnenwand mit dem Fresko. Er datiert diesen Bau aufgrund des Freskos in das 11. Jh. Die Basen, Kämpfer, Kapitelle des "Baldachins" evtl. auch 10. Jh. in Zweitverwendung.

Der sog. "Baldachin" ist die Substruktion für ein gemauertes Grab, das offenbar das Sepulcrum des darüber angeordneten Hochaltars war. (Die heute unter dem Baldachin zu sehende Grabplatte ist modern und hat mit der ursprünglichen Situation nichts zu tun.)

Nach PÖRNBACHER geht die Krypta mit dem ursprünglichen Grab des Heiligen auf frühromanische Zeit zurück. Der Turm entstand um die Mitte des 12. Jh. unter Herzog Welf IV. (1115-1191), der Vogt des Klosters war. Ebenfalls aus dieser Zeit sollen auch noch Teile des Westchors stammen. [PÖRNBACHER, 3f] Er vermutet drei mittelalterliche Vorgänger der heutigen Kirche: den ersten an der Stelle der heutigen Annakapelle, gebaut um die Mitte des 9. Jh., dann eine neue ottonische Kirche um das Jahr 1000 mit der noch erhaltenen Krypta. Dieser Bau wurde Mitte des 12. Jh. erweitert und modernisiert (Weihe 1143?). [ebd., 8]

Einen wirklichen Erkenntniszuwachs sehe ich in den Untersuchungen und Überlegungen von HAAS. Er unterscheidet zwei Bauphasen, eine erste mit den zwei inneren Längsmauern, der Westmauer und dem "Baldachin" und eine zweite, romanische mit der Dreierarkade im Osten und den Umfassungsmauern im Osten, Norden und Süden. Die romanischen Umfassungsmauern wurden im Norden, im Osten und im Süden außen vor die vorhandenen Kryptenwände gesetzt, so dass während des Umbaus die Nutzung im Innern der Krypta noch möglich war. Der zu erschließende, südlich an die Krypta anschließende Raum wurde in diesem Zusammenhang offenbar beseitigt.

Es ist offensichtlich, dass ursprünglich der Plan bestand, die alte Innenstruktur der Krypta zugunsten einer (unbekannten) neuen Struktur (Vierstützenraum?) abzubrechen. Dieser Plan wurde jedoch vor seiner endgültigen Fertigstellung aufgegeben. Der alte Kryptenraum wurde belassen bzw. wiederhergestellt, jedoch ohne den südlichen Nebenraum und unter Verzicht auf die alten Zugänge im Norden und Süden.

Als Ersatz wurde ein neuer Zugang mittig in der Westwand angeordnet. Der Grund für die Planänderung ist nicht bekannt. Im Endeffekt kann auch HAAS keine schlüssige Lösung darbieten. Er schreibt: "Bei der Betrachtung der älteren Teile der Füssener Krypta bleibt also vieles unsicher. die letzte vorromanische Gestalt des Baues läßt sich nicht mehr vollständig fassen. Entstehungsvorgang und Deutung der Krypta vor den romanischen Veränderungen sind nicht widerspruchslos zu klären, doch kann man mit Sicherheit ausschließen, daß es eine Stollenkrypta gewesen sein könnte. Deutlich ist jedoch, daß der heute noch innerhalb der Ostkrypta erhaltene vorromanische Baubestand zu einer weiter ausgreifenden Anlage gehörte." [HAAS, 78]

HAAS versucht trotzdem eine Baugeschichte zu rekonstruieren mit dem Vermerk: "ohne auch nur annähernde Sicherheit!" [ebd., 81]:

Zuvor stellt er fest: "Direkte Überlieferungen zur Baugeschichte gibt es in Füssen vor dem Spätmittelalter nicht, ..." [ebd., 81]

1. Phase:
Ältester Baubestand zweites oder drittes Viertel des 8. Jh. oder 9. Jh. oder Zusammengehörigkeit mit Phase 2.

2. Phase
Baldachin und Ausmalung im späten 10. Jh. oder frühen 11. Jh. Kirchenneubau für diese Zeit anzunehmen. "Dieser hypothetische Neubau ist aber sonst nicht greifbar." [ebd., 81]

3. Phase:
Der romanische Neubau, der die Anlage der Kirche bis heute prägt, ist wohl erst dem späteren 11. Jh. zuzuordnen. Er könnte schon aus der "Hirsauer Phase" des Klosters stammen. Die für die Reformarchitektur ungewöhnliche Westapsis vielleicht topografisch bedingt oder eine Reminiszenz an den Vorgängerbau.

4. Phase:
Der Spätromanik (um oder nach 1200) angehörig die Kapitelsaalfront und die Kreuzgangsmauer.

"Die bisher nahezu unbekannte spätromanische Phase ist in der Klostergeschichte nicht faßbar, sondern nur im Baubestand der Klausur." [ebd., 82]

Alternative Rekonstruktion der Baugeschichte

Es ist klar, dass die Gründungslegende um den hl. St. Magnus eben eine fromme Legende ist, mehr nicht. Auch die angeblich karolingischen Aktivitäten sind durchweg erfunden.

Zu der von PÖRNBACHER vermuteten ersten Kirche an der Stelle der heutigen Annakapelle gibt es m. E. keine diskussionswürdige Grundlage.

Die Rekonstruktionen einer Umgangskrypta bzw. Winkelgangkrypta, wie von OSWALD und JACOBSEN angenommen, dürften sich mit den Untersuchungen von HAAS erledigt haben.

Betreffend die Krypta sind die Untersuchungsergebnisse von HAAS überaus wertvoll. Allein seinem Resümee, dass eine widerspruchsfreie Rekonstruktion nicht möglich sei, folge ich nicht.
Nach meiner Ansicht lässt sich auf dieser Basis schon eine glaubhafte Rekonstruktion für die ursprüngliche Krypta erstellen. Sicher ist die das Altargrab tragende Substruktion mit den sechs Stützen, die gleichzeitig die Gewölbe des umgebenden Kryptenraums stützen, im bekannten Denkmalbestand ungewöhnlich. Trotzdem sehe ich in der Krypta eine "normale" Krypta, d. h. einen Kultraum unter dem Altarraum. Die Anlage hat sicher nicht der besonderen Verehrung des von dem "Baldachin" getragenen Altargrabes gedient, wovon vielleicht OSWALD und JACOBSEN ausgingen.
Mit der Funktion als zusätzlicher Kultraum für die Abhaltung von Gottesdiensten, z. B. Privatmessen, war der Hauptraum mit Sicherheit mit einem Altar ausgestattet, auch wenn dieser heute nicht mehr nachweisbar ist.

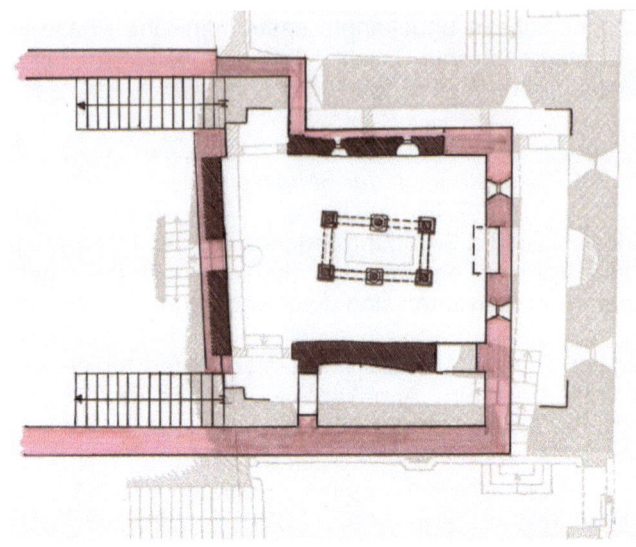

Füssen, St. Mang. Rekonstruktion der ursprünglichen Krypta (Altarnische und Fenster in der Ostwand hypothetisch).

Die archäologisch festgestellte, westliche Erweiterung des Mittelraums waren eindeutig die ehemaligen Kryptenzugänge. Damit ergibt sich eine durchaus bekannte Gestalt der Krypta, die gekennzeichnet ist:

1. durch die Erstreckung der Krypta allein unter dem (i. d. R. quadratischen) Altarraum und

2. durch die Zugänglichkeit über kleine Eckbauwerke im Zwickel zwischen Chorwand und (i. d. R.) Querhausflügeln. Üblicherweise mündeten die Kryptenaufgänge in ein Querhaus.

Prominentestes Beispiel ist die ursprüngliche Konzeption der Krypta im Dom zu Speyer (siehe [MEISEGEIER 2019-2, 202f]). Bekanntestes, erhaltenes Beispiel ist die Klosterkirche in Limburg an der Haardt. Weitere Beispiele sind die Klosterkirche in Goseck und St. Aposteln in Köln (siehe [MEISEGEIER 2019-2, 134f]). Alle diese Bauten datiere ich an das Ende des 11. Jh. bzw. um 1100.

Ungewöhnlich im Vergleich mit den oben genannten Krypten ist der im Süden anschließende Raum. Ich sehe die Funktion als Sakristei für die Vorbereitung des Gottesdienstes in der Krypta. Ich gehe davon aus, dass dieser Raum doppelgeschossig war, d. h. der Chor über der Krypta hatte einen ebensolchen Nebenraum und damit seine eigene Sakristei. Solche Nebenräume werden eigentlich erst ab der Mitte des 12. Jh. üblich.

Ich datiere die Füssener Krypta in die zweite Hälfte, vielleicht eher in das letzte Viertel des 11. Jh. Die aufgefundene Wandmalerei gehörte zu diesem Bau und wurde m. E. nachträglich, um die Mitte des 12. Jh., aufgebracht. Die falsche, über die Stilkritik gewonnene Datierung der Malerei um 1000 liegt an der Falschdatierung der Buchmalerei, welche auch frühestens in das 12. Jh. gehört. Das bedeutet natürlich auch, dass die Krypta bis um die Mitte des 12. Jh. genutzt wurde und der Umbau erst später erfolgte.

Der Kirchenbau, zu dem diese Krypta gehörte, war vermutlich ein einfacher Saalbau mit einem eingezogenen Altarraum. Die Einziehung des Altarraums wurde für die Zugänge zur Krypta genutzt. Archäologische Belege für meinen untenstehenden, hypothetischen Rekonstruktionsvorschlag gibt es außerhalb der Krypta nicht. Die Fundamente des Vorgängerbaus dürften für den nachfolgenden Bau wiederverwendet worden sein. Wenn dieser Vorgängerbau einen größeren Umfang besessen hätte, wären sicher weitere bauliche Reste irgendwo entdeckt worden.
Diese erste Kirche war eine Eigenkirche. Ob der Eigenkirchenherr der Augsburger Bischof(?) war, lässt sich kaum noch belegen.

Ein Indiz, dass die Anordnung der nördlichen und der südlichen Umfassungswand nicht willkürlich erfolgte, sehe ich in dem Abbruch der Außenschale der nördlichen Längswand (zur Schaffung des nötigen Arbeitsraumes bei der Herstellung der nördlichen Umfassungsmauer). Vermutlich lag die Ausdehnung nach Norden für die Umfassungsmauer fest, z.

B. durch die gewollte Wiederverwendung der alten Saalfundamente für die Mittelschiffsarkaden.

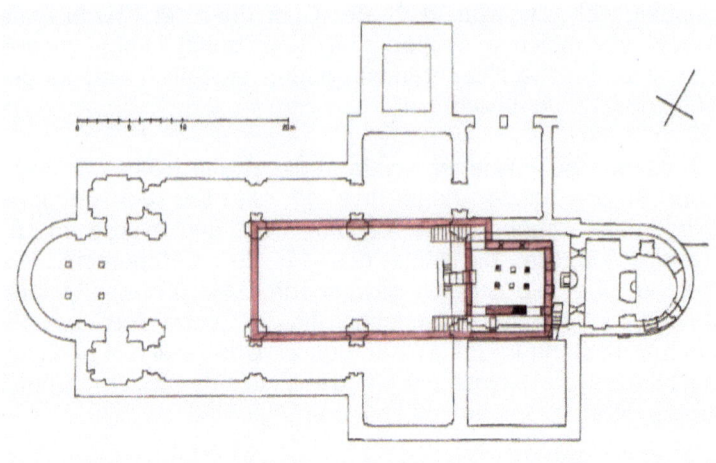

Füssen, St. Mang. Rekonstruktionsversuch des Vorgängerbaus. (Unter Verwendung des Grundrisses aus [JACOBSEN/SCHAEFER/SENNHAUSER, 131])

Der unter der barocken Überformung noch erkennbare romanische Bau, eine kreuzförmige Basilika im gebundenen System mit Westchor wurde in der zweiten Hälfte des 12. Jh. errichtet. In der Krypta unter dem neuen quadratischen Altarraum sollte keinesfalls ein neuer "Baldachin" für das alte Altargrab entstehen, wie HAAS mutmaßt. Ich denke, dass man in Füssen für den hl. Magnus eine eigene Gedächtniskirche, den Westchor, errichten wollte. In diesem Zusammenhang war vermutlich die Verlegung des Magnusgrabes geplant. Über die Gründe, warum davon letztendlich Abstand genommen wurde, kann man nur spekulieren. Außer der Erhebung der Gebeine gab es keine "offizielle" Heiligsprechung [PÖRNBACHER, 3]. Ab 1170 wurde es zur Regel, dass Heiligsprechungen ausschließlich von Rom erfolgten, womit die Chancen für Magnus sicher schlecht standen. Ohne eine solche dürfte die Anziehungskraft der Magnusgebeine nicht ausgereicht haben, weshalb man das Vorhaben aufgab.

Die Errichtung eines Westchores ist im ausgehenden 12. Jh. nicht ungewöhnlich. Ich denke hier an den Dom zu Naumburg (siehe [MEISEGEIER 2019-1, 240ff]) oder an die Michaelskirche in Hildesheim (siehe [MEISEGEIER 2019-2, 90ff]), wo für den 1192 heiliggesprochenen Bischof Bernward ein Westchor mit Krypta errichtet wurde.

Ich sehe den Neubau im Zusammenhang mit der Klostergründung.

Hiermit löst sich auch das Rätsel um das Auseinanderklaffen bei HAAS zwischen dem romanischen Neubau (3. Phase) und der spätromanischen Bauphase der Klausur (4. Phase), worüber er sich verwundert äußert (siehe oben).

Der von ihm im späten 11. Jh. gesehene romanische Neubau ist erst in spätromanischer Zeit erbaut worden, parallel mit den Klostergebäuden und dem Kreuzgang, deren Bau sich bis um 1200 und später hinzog.

Der Anbau des Nordturmes gehört ebenfalls zu dieser Bauphase.

Die für 1143 überlieferte Weihe lässt sich nach meiner Auffassung keiner Bauphase wirklich zuordnen.

Ungewöhnlich ist aus meiner Sicht, dass der spätromanische Neubau unmittelbar auf dem Grundriss des frühromanischen Vorgängers, des Saalbaus, errichtet wurde. Diese Vorgehensweise brachte für die Nutzung des Altbaus während der relativ langen Bauzeit für den Neubau erhebliche Nachteile mit sich, die an sich nur im Ausnahmefall in Kauf genommen wurden.

In der frühen Zeit war die Bebauung i. d. R. noch nicht so verdichtet, so dass die Errichtung des Neubaus fast immer neben dem bestehenden Bau möglich war. Es müssen in Füssen triftige Gründe dafür vorgelegen haben, sich für die kompliziertere Variante entschieden zu haben. Solche Gründe könnten in der Topographie begründet gewesen sein oder auch durch ein ortsfestes Kultobjekt, z. B. ein verehrungswürdiges Grab. (Die Wiederverwendung alter Bausubstanz ist sicher kein solcher). Im vorliegenden Fall dürfte die Topographie die entscheidende Rolle gespielt haben. Offenbar steht der Kirchenbau auf einer Art Felsvorsprung unmittelbar am Hang. Diese Lage zwang die Erbauer der Klosteranlage, die Klausur im Osten der Kirche und ca. 6,5 m unter dem Niveau der Kirche zu errichten. Auch im Westen fiel das Gelände steil ab, was erhebliche Substruktionen für den späteren Westchor erforderte. Wenn man an dem exponierten Standort der Kirche festhalten wollte, blieb eigentlich keine Wahl, als den Neubau an der Stelle des Altbaus zu errichten.

Konstanz, Münster Unserer Lieben Frau

Die frühe Geschichte und Baugeschichte gemäß HITZEL [HITZEL, 3]:

590   Gründung des Alemannenbistums Konstanz (Ersatz des Bistums Vindonissa durch Lausanne und Konstanz)

615   erste Erwähnung einer Marienkirche in der Lebensbeschreibung des hl. Gallus

Mitte 8. Jh.   urkundliche Bestätigung der Bischofskirche "Ecclesia sanctae Mariae urbis Constantiae"

780   Weitere Erwähnung der Bischofskirche in einer Vertragsbestätigung Karls des Großen (Der Reichenauer Dichtermönch und Gelehrte Hermann der Lahme (†1054) liefert erste Baubeschreibung)

um 900 Prozessionskrypta mit beiden Nebenkrypten

um 900 (erste Erweiterung) mit der Einrichtung des Pelagiusgrabes durch Bischof Salomom III.

940   Bau der Mauritius-Rotunde (Hl.-Grab-Kirche) durch Bischof Konrad (934-975, Heiligsprechung 1123)

1000   Hallenkrypta mit Sepulchrum erhält heutige Form (zweite Erweiterung) durch Bischof Lambert (995-1018), der darüber sein dreischiffiges Münster baut.
1052   Einsturz und Aufbau der heutigen romanischen Basilika unter Bischof Rumold (1051-1068) mit östl. Querhaus und 16 Monolithsäulen
1089   Weihe (ohne Vierungsturm und ohne Westtürme)
um 1100   Nordturm
1160   Vierungsturm
1154-1236   Heutiger Dachstuhl auf erhöhter Mauerkrone.
1260   Heiliges Grab
1299   Großfeuer vernichtet Vierungsturm u. Chorgiebel
1378   Südturm fertiggestellt

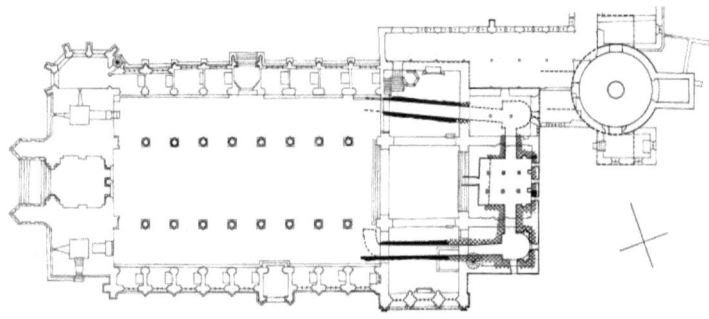

Konstanz, Münster. Grundriss entnommen aus [JACOBSEN / SCHAEFER / SENNHAUSER, 230]

In dem heutigen Bestand ist der romanische Bau noch klar erkennbar. Dieser war eine kreuzförmige Basilika mit gerade geschlossenem Rechteckchor (annähernd quadratisch), ausgeschiedener Vierung und quadratischen Kreuzarmen in den Abmessungen der Vierung, im Westen Doppelturmfassade.
Der Chor im Norden und Süden flankiert von Chornebenräumen. Die rundbogigen Mittelschiffsarkaden mit je acht Monolithsäulen. Diese mit schlicht gearbeiteten,

achtseitigen Kelchkapitellen, die attischen Basen mit Eckspornen.
Unter dem Chor 6-stützige Hallenkrypta erhalten, ursprünglich mit stollenartigen Zugängen, die unter den Chornebenräumen nach Westen abknickten. In den Knickpunkten ursprünglich kleine Kapellen, davon die südliche erhalten, die nördliche nur angenommen, da sich an dieser Stelle die 1313 geweihte Konradikapelle befindet.

Bisherige Rekonstruktionen der Baugeschichte

nach JACOBSEN [JACOBSEN / SCHAEFER / SENNHAUSER, 229ff]:

Bau I:
Die westlichen Hälften der noch erhaltenen Zugangsstollen, vermutlich ursprünglich zu einer ersten Winkelstollenkrypta gehörend, in der heutigen Krypta erhalten.
Darüber hinaus ist, diesen Bau betreffend, nichts bekannt. Die Zugangsstollen, falls die Rekonstruktion einer Winkelstollenkrypta zutrifft, setzen eine Kirche mit einem Ostschluss in den gleichen Abmessungen der heutigen Kirche voraus. Damit wäre für Bau I von einer dreischiffigen Basilika auszugehen.
Dat.: gegen 900 im Zusammenhang mit der Translation der Pelagiusreliquien

Bau Ia:
Umbau der Krypta, wohl Erneuerung der ursprünglichen Krypta. Neu die östliche Verlängerung der Kryptenstollen und der Querstollen mit mittigem Vierstützenraum und Kapellen mit Ostapsiden in den Knickpunkten. Der Kryptenmittelraum mit vier Säulen mit akanthusverzierten Kelchkapitellen nicht in situ (vielleicht von Bau I). Die beiden Säulen mit Pilzkapitellen der südlichen Eckkapelle jünger.
Dat.: um 1000 zu erwägen

138

Da sich der Katalog der vorromanischen Kirchenbauten nur mit Bauten bis zum Ausgang der Ottonen befasst, sind die weiteren Bauphasen, z. B. die Erweiterung des Vierstützenraums um ein Joch nach Westen, von JACOBSEN nicht behandelt, da diese offenbar nach seiner Auffassung jünger.

Bauphasen nach ROSNER [ROSNER, 229] (themabedingt auf die Krypta beschränkt):

Krypta I: Zugehörig die Westenden der bestehenden Zugangsstollen. Rekonstruktion als Winkelgangkrypta nicht gesichert. Dat.: 9. Jh.?

Krypta II: Winkelgang mit Nebenräumen und axialer, vierstütziger Halle. Fraglich die Zugehörigkeit der vier östlichen Säulen und der Confessio (vielleicht erst Phase III). Dat.: 10. Jh.

Krypta III: Erweiterung der Halle um ein Stützenpaar nach Westen, zeitgleich damit die Einbringung des jetzigen Gewölbes und vielleicht der vier östlichen Säulen (s. o.). Teile des westlichen Stützenpaares zweitverwendet. Umbauten im 12., 15., 16./17. und 19./20. Jh.
Kryptaaltäre (Martin, Pantaleon, Johannes Bapt.) im 13./14. Jh. bezeugt.
Dat.: Anfang 11. Jh.?

Auf die bei ROSNER beschriebenen Einzelbefunde sowie die Details der Bauphasen [ROSNER, 323ff] gehe ich hier nicht ein.

Wikipedia:
Um 585/590 erste Bischofskirche. Wegen der Gallusvita 615 eine Bischofskirche als existent angenommen. Erste urkundliche Erwähnung einer Marienkirche 780. In der ersten Hälfte des 9. Jh. ein karolingischer Neubau - eine dreischiffige Basilika ohne Querschiff mit dreizelligem Chor und geraden Chorschluss. Diese Rekonstruktion basiert auf der Vermutung,

dass die Konstanzer Bischofskirche Vorbild für die Stiftskirche in St. Gallen war.
Um die Mitte des 9. Jh./Anfang 10. Jh. Einbau einer Krypta, die später erweitert wurde, vermutlich für die Gebeine des hl. Pelagius.
Von Bischof Konrad I. (934-975) wird die Mauritius-Rotunde errichtet, eine Kopie der Grabeskirche in Jerusalem.
Um 1000 Umbau der Kirche unter Bischof Lambert.
"Aus der Zeit um 1000 stammen die heute ältesten oberirdischen Bauzeugnisse des Münsters. Dieser Bauabschnitt unter Bischof Lambert (995?–1018) gilt zugleich als bedeutendster romanischer Sakralbau in Südwestdeutschland, unter anderem deshalb, weil sie unmittelbares Vorbild für die monumentale Kirche St. Peter und Paul im Kloster Hirsau war. Der Ostteil des karolingischen Münsters wurde unter Lambert durch ein Querhaus und einen Chor zur Kreuzform erweitert, während das Langhaus im Wesentlichen bestehen blieb. Links und rechts der quadratischen Vierung entstanden so quadratische Sakralräume (Thomaschor und Mariä-End-Chor)." [Wikipedia]
1052 Einsturz der Kirche (aus unbekannten Gründen). Neubau ab 1054 unter Bischof Rumold von Konstanz (1051-1069) und Bischof Otto I. (1071-1080), der 1089 geweiht wurde. Das wieder dreischiffige Langhaus wurde neu errichtet, während das nur wenig beschädigte Querhaus vom Lambertbau übernommen wurde. Der Rumoldbau ohne Türme. Die niedrigeren Querhausarme des Lambertbaus wurden erhöht. Die Form der Mittelschiffssäulen mit den einfachen Achteckkapitellen soll Bischof Rumold von Goslar übernommen haben, da er zuvor Domherr in Goslar war.
Zwischen 1154 und1236 nochmalige Erhöhung der Mauerkronen und neuer Dachstuhl mit neuer bemalter Flachdecke.

Alternative Rekonstruktion der Baugeschichte

Die bisherigen Rekonstruktionen von Vorgängerbauten beruhen einzig auf Annahmen und Vermutungen. Offenbar gibt es bis heute keine umfassenden Grabungen und Bauuntersuchungen.

Ich möchte mit dem romanischen Bau beginnen, der in der heutigen Kirche noch relativ klar erkennbar ist und von der Tradition und Forschung im Allgemeinen der Mitte des 11. Jh. zugeschrieben wird.

Schon die ausgeschiedene Vierung verweist diesen Bau nach 1100, keinesfalls in das 11. Jh. Auch der quadratische Schematismus, der zumindest in den Ostteilen erkennbar ist, verweist auf eine früheste Entstehungszeit um 1100. Die Doppelturmfassade im Westen kann frühestens in der zweiten Hälfte des 12. Jh. entstanden sein, da diese erst nach Mitte des 12. Jh. aufkommen.

Die attischen Säulenbasen der Mittelschiffsarkaden weisen Ecksporne auf, die allgemein erst ab etwa 1130 in Gebrauch kommen.

Auch die Chornebenräume sind ein Hinweis auf eine Erbauung frühestens zu Beginn des 12. Jh.

Zuletzt das Patrozinium "Unserer Lieben Frau": Die Marienverehrung kommt erst um 1100 auf. Zu dieser Zeit entstehen die der hl. Maria geweihten Chorscheitelkapellen, aber auch die der Maria geweihten Kirchen. Übrigens, die erste urkundliche Erwähnung einer Marienkirche im Jahr 780 [Wikipedia] würde bei Annahme einer merowingisch/ spätantiken Datierung dem Jahr 1198 u. Z. entsprechen (Urkunde ist zweifellos eine Fälschung).

Nun zur Krypta. Ringkrypten als auch Winkelgangkrypten, zu letzterer die Konstanzer Krypta zumindest in der Grundkonzeption gehört, wurden bis weit in das 12. Jh. errichtet. Die Veranlassung zur Errichtung einer solchen Anlage war die Präsentation eines Heiligengrabes.

Die entwickelte Form der Winkelgangkrypta mit Vierstützenraum und den Eckkapellen spricht für eine spätere Errichtung.

Nach meiner Auffassung ist das Konstanzer Münster ein planeinheitlicher Bau mit Baubeginn in der ersten Hälfte des 12. Jh. Der Bau erstreckte sich bis in die zweite Hälfte des 12. Jh. vielleicht sogar bis in den Beginn des 13. Jh. Er kann damit natürlich nicht das unmittelbare Vorbild für St. Peter und Paul in Hirsau gewesen sein. Beide Bauten sind im besten Fall gleichzeitig.

Die Winkelgangkrypta gehört zu diesem Bau. Möglicherweise sollten in ihr die Reliquien des hl. Pelagius (?) verehrt werden. Zur Aufbewahrung des Reliquiars wurde die Reliquienkammer errichtet, die von HITZEL m. E. unzutreffend als Konfessio bezeichnet wird [HITZEL, 15]. Über ihr soll der Hauptaltar gestanden haben, der durch einen senkrechten Schacht mit der Reliquienkammer verbunden gewesen sein soll, womit das Reliquiar das Sepulcrum des Hauptaltars gewesen sein könnte. Nach ROSNER [ROSNER, 330] ist das nicht mehr nachprüfbar.
Vermutlich war diese dann von dem Vierstützenraum über eine verschließbare Einblicköffnung einsichtbar. Vermutlich gab es eine weitere, verschließbare Einblicköffnung in die Reliquienkammer zwischen den Chortreppen (vgl. Gernrode, Ostkrypta [MEISEGEIER 2019-1, 202ff]).
Mit der Erweiterung des Vierstützenraumes um ein Joch nach Westen wurde diese ursprüngliche Anordnung beseitigt. Diesen Umbau sehe ich nach dem Brand von 1299, "dem ersten verbürgten Brand des Münsters" [ROSNER, 328].

Eine Verlegung der Reliquienkammer - wie von HITZEL angenommen, sehe ich nicht. Im Gegenteil wurde die Reliquienkammer damals zugeschüttet, da offenbar nicht mehr benötigt. Vermutlich waren die Heiligengebeine nicht so zugkräftig wie erwartet, weswegen die Anlage zu einer "normalen" Hallenkrypta umgebaut wurde. Die Reliquienkammer wurde erst 1876 wiederentdeckt und geöffnet.
Im Zuge des Umbaus nach dem Brand von 1299 wurde die sog. Konradikapelle (Weihe 1313) errichtet. Ihr fiel die nördliche Eckkapelle zum Opfer. In diesem Zusammenhang wurden auch die in Ost-West-Richtung verlaufenden Zugangstollen zugeschüttet. Der neue Eingang in die Krypta erfolgte von der Konradikapelle.

Zu dieser Umgestaltung der Krypta zähle ich auch die Anordnung der Säulen mit ihren Kapitellen, sämtlich Spolien. Vermutlich war die ursprüngliche Krypta eine Pfeilerkrypta. Die etwas nachlässige Ausführung weist auf die gesunkene Bedeutung der Krypta hin. (Man verwendete das, was man hatte.)

Man glaubte vielleicht, einen anderen Hotspot für die Gläubigen gefunden zu haben. Dieser könnte die Nachbildung der Grabrotunde in Jerusalem, die sog. Mauritius-Rotunde, gewesen sein. Ihre Errichtung habe ich in [MEISEGEIER 2018, 29] um 1300 datiert. Bischof Konrad und seine Bauherrnschaft der Mauritius-Rotunde sehe ich als ein Konstrukt an.

Wenn die Kirche erst im 12. Jh. erbaut wurde, wo haben die Bischöfe des 11. Jh. residiert?

Das Bistum Konstanz soll um 590 gegründet worden sein. Diese Datierung könnte merowingisch/spätantik sein, was dem Jahr 1008 u. Z. entspräche. Nach der Tradition ersetzten die Bistümer Lausanne und Konstanz das frühere Bistum Vindonissa. Unabhängig davon, ob dieser Ersatz überhaupt stattgefunden hat, sehe ich prinzipiell um 1000 u. Z. die Aufgliederung des merowingischen Territoriums in Bistümer, wozu die Datierung um 1008 schon passt.

Das bedeutet natürlich auch, dass zeitnah in den Bistumssitzen Bischofskirchen erbaut worden sein müssen. Die Kirche des Konstanzer Münsters - ich gehe davon aus, dass es an dieser Stelle keinen Vorgängerbau gab - käme mit einem Baubeginn in der ersten Hälfte des 12. Jh. doch um Einiges zu spät. Daraus folgt, dass vor dieser Zeit eine andere Kirche als Bischofskirche existiert haben muss.

Ich halte die unweit des Münsters gelegene Kirche St. Stephan für diese erste Bischofskirche.

"Die Stephanskirche gilt als älteste Kirchengründung in Konstanz. ... Das Gotteshaus mit dem Patrozinium des hl. Stephanus war bei der Gründung des Bistums Konstanz Ende des 6. Jahrhunderts bereits vorhanden. Es könnte sich um einen Holzbau gehandelt haben. ... Die älteste urkundliche

Erwähnung der Stephanskirche stammt aus dem Jahr 680 (Gallus-Vita)." [Wikipedia]

Die Stephanskirche soll beim Ungarneinfall 926 beschädigt oder zerstört worden sein. Seit dem 11. Jh. soll die Stiftskirche zugleich Pfarrkirche der größten Konstanzer Pfarrei gewesen sein.

"Dem trug um 1130 die Umwandlung der alten Kirche in eine romanische Basilika Rechnung. Diese hatte ihr Portal an der Hauptstraße auf der Ostseite; der quadratische Chor mit dem Hauptaltar lag im Westen. Das Mittelschiff entsprach etwa der heutigen Größe; die Seitenschiffe waren halb so breit." [ebd.]

Die Stephanskirche dürfte damit eine Gründung des 11. Jh. sein, vielleicht noch vor der Mitte des Jahrhunderts. Die Zerstörung durch die Ungarn gab es nie. Nach der Umsiedlung des Bischofs in den neuen Kirchenbau verblieb die alte Bischofskirche als Pfarrkirche. Die Entstehung des Pfarrkirchensystems datiere ich generell erst in das 12. Jh. (siehe Abschnitt *Die Kirche*).

Wenn die Information zutrifft, dass die Stephanskirche "um 1130" eine gewestete Kirche war, könnte dieser Bau um 1100 errichtet worden sein, als einige Bischöfe ihre Zugehörigkeit zur römischen Kirche, dem Papsttum, durch den Bau einer "Kopie" von Alt-St.Peter demonstrieren wollten. Markant für diese Bauten war i. d. R. neben der Westung ein ausladendes, durchgehenden Westquerhauses, wovon jedoch nichts berichtet wurde. Das würde jedoch auch bedeuten, dass dieser Bau einen weiteren Vorgängerbau besessen haben muss, denn vor dieser Zeit wurden keine gewesteten Kirchen errichtet.

Mainz, Dom St. Martin

Die "offizielle" Baugeschichte: Die Errichtung des ersten Dombaus an dieser Stelle unter Erzbischof Willigis (975-1011). 1009, am Vorabend der Weihe, Zerstörung durch ein Brandunglück. Der wiederaufgebaute Dom 1036 unter

Erzbischof Bardo (1031-1051) geweiht. 1081 Dombrand. Danach Erneuerung unter Förderung Kaiser Heinrich IV. 1137 erneuter Dombrand. "Nach 1183 ist der Bau ohne Türen und Dach, wohl infolge eines um 1196 erwähnten Brandes." [OSWALD / SCHAEFER / SENNHAUSER, 191] Wiederherstellung unter Erzbischof Konrad (1183-1200). 1233 Aufruf zum Kirchenneubau. 1239 Domweihe. [ebd., 191f]

Von WINTERFELD [WINTERFELD / JANSON / WILHELMY, 4ff] einige ergänzende Informationen:
- bis ca. 1125: Errichtung der Ostapsis, des Ostgiebels und des östlichen Chorturmes nach dem Vorbild in Speyer, Aufstockung und Verbreiterung des östlichen Querhauses. Einbau der beiden Ostportale und Anlage einer Krypta unter dem Ostchor.
- um 1137: Errichtung des Mittelschiffs unter Beibehaltung der alten Seitenschiff-Außenmauern
- schlechter (unfertiger) Bauzustand des Domes
- ab ca. 1190: umfangreichste Baumaßnahme: Neubau und Einwölbung der Seitenschiffe. Ausführung moderner Kreuzrippengewölbe anstelle der geplanten Gratgewölbe im Mittelschiff. Neubau des Querhauses auf verkürztem Grundriss, um die Einwölbung über quadratischer Grundfläche zu ermöglichen. Erneuerung des Westchors als Trikonchos nach niederrheinischem Vorbild. Bekrönung durch den achteckigen Vierungsturm, Abbruch der Ostkrypta.

"Der Bau steht über römischen Fundamenten ... Nachrömische Kulturschichten bis zur Willigiszeit nicht gefunden." [OSWALD / SCHAEFER / SENNHAUSER, 192]

Der oben beschriebene Dombau ist der Nachfolgebau eines ersten Dombaus, der westlich des heutigen Baus bestand. Die heutige Kirche St. Johannis, auch "Alter Dom zu Mainz" genannt, birgt die Reste dieses ersten Dombaus. Ich habe zu St. Johannis in [MEISEGEIER 2017, 164ff] ausgeführt.
Dort hatte ich St. Johannis noch dem ausgehenden 10. Jh. zugeordnet, da ich diesen Bau Erzbischof Willigis, den ich heute abweichend als ein Konstrukt ansehe, zugeordnet habe.

Ich sehe St. Johannis heute auf jeden Fall nicht vor dem 11. Jh., vielleicht sogar erst in der zweiten Hälfte des 11. Jh. Der erste Bau an der Stelle des heutigen Doms war nach OSWALD eine dreischiffige Basilika mit westlichem Querschiff, im Osten Turmgruppe und Atrium mit Kapelle(?) [ebd., 192]. Er datiert diesen Bau um 980-1009. JACOBSEN ergänzt bzw. korrigiert: Das westliche Querhaus im Grundriss weit ausladend und römisch durchlaufend [JACOBSEN / SCHAEFER / SENNHAUSER, 261]. Außerdem widerspricht er OSWALD bzgl. des Atriums. "Deutung als Atrium nicht nachzuvollziehen. Wohl nur als eigenständige Basilika zu verstehen, welche gegen den Ostriegel des Domes gesetzt wurde." [ebd., 262] Diese eigenständige Basilika die Liebfrauenkirche, die gleichzeitig mit dem Willigis-Dom errichtet worden sein soll, sei vielleicht beim Dombrand 1009 zerstört und unter Erzbischof Bardo abgebrochen worden. Neubau einer nun eigenständigen Marienkirche mit Krypta unter Erzbischof Siegfried I. und Weihe 1069. 1112 als Titel "St. Maria ad gradus" genannt. Nach 1285 gotischer Neubau. 1803 abgebrochen. [ebd., 261]

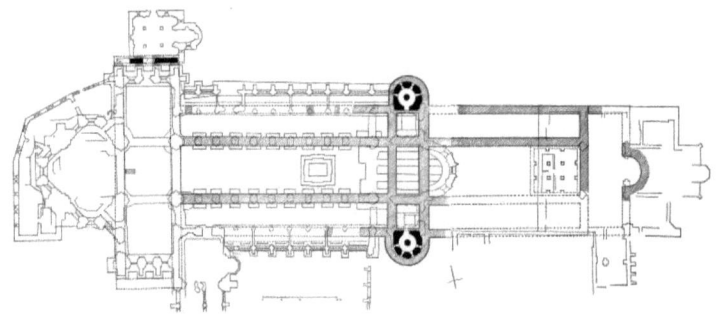

Mainz, Dom St. Martin. Grundriss entnommen aus [OSWALD / SCHAEFER / SENNHAUSER, nach 204] (rechts Marienkirche)

Alternative Rekonstruktion der Baugeschichte

Der neue Dom soll nach den Quellen auf einer Brache errichtet worden sein, unter der sich aber Mauerreste aus römischer Zeit befanden. Die "Brache" war das unfreiwillig frei gewordene Zerstörungsgebiet nach der Katastrophe, das bis zum Ende des 11. Jh. offensichtlich nicht wieder bebaut war.

Die Nachrichten zum Dombau in den Quellen sind sehr dürftig und unbrauchbar. "Die Quellenlage ist spärlich, die wenigen Angaben - etwa in den "Annales Quedlinburgenses" oder in den "Annales Hildesheimenses" - stimmen im Detail nicht überein. Fest aber steht: Vor 1.000 Jahren, am 29. oder 30. August des Jahres 1009, brannte der soeben unter Erzbischof Willigis vollendete Mainzer Dom unmittelbar vor oder nach seiner Weihe nieder. Er sei «elend durch das Feuer verbrannt worden», berichten die «Annales Quedlinburgenses». Wie es dazu kam, ist unklar." [https://www.domradio.de/nachrichten/ 2009-08-28/mainzer-willigis-dom-vor-1000-jahren-vollendet-und-zerstoert]

Die o. a. Quellen aber auch Widukind, dem wir die Nachricht über die Baumaßnahmen von Erzbischof Hatto I. "verdanken", sind konstruiert und Fälschungen bzw. wie Widukind Pseudepigraphen, also Falschzuschreibungen aus späterer Zeit. Weder der Brand von 1009 noch die Weihe von 1036 sind glaubhaft zuzuordnen.

Um die Hinwendung des Bistums Mainz zur römischen Kirche zu demonstrieren, begann der Mainzer Bischof einen Kirchenneubau östlich des bestehenden Doms (heute St. Johannis) zu errichten. Für diesen Neubau wählte er ein Baukonzept, das sich an Alt-St.Peter in Rom anlehnte. Kennzeichnend dafür sind die Westung des Baus mit einem weit ausladendem, durchgehenden Querhaus mit direkt ansetzender Hauptapsis. Der Mainzer Bischof steht mit seiner Anbiederung an Rom natürlich nicht allein. Bauphasen mit Orientierung nach Westen und "römischen" Querhaus sind auch andernorts nachgewiesen, so beim Dom zu Köln, dem Dom zu Augsburg, der Ratgar-Basilika in Fulda, St. Aposteln in Köln, dem Azelin-Bau in Hildesheim und der Nordkirche in Magdeburg. Alle diese Bauten datiere ich um 1100, womit auch für Mainz diese Zeitstellung grundsätzlich gelten dürfte. "Belohnt" wurden im Endeffekt das Bistum Mainz mit der Erhebung zum Erzbistum, ebenso die Bistümer Köln und Magdeburg.

Vermutlich parallel zu dem Dombau wurde in seiner östlichen Verlängerung die Liebfrauenkirche errichtet. Das Aufkommen der Marienverehrung sehe ich ebenfalls um 1100. In diesem Zusammenhang erhalten verschiedene ältere Gründungen Chorscheitelkapellen bzw. werden jetzt Marienkirchen errichtet. Beispiele für Chroscheitelkapellen sind der Dom zu Hildesheim und Reichenau-Mittelzell (siehe unten), für Marienkirchen das Kloster Unser Lieben Frauen in Magdeburg (siehe [MEISEGEIER 2019-1, 177] und der Mariendom in Erfurt (siehe [ebd., 26ff]).
Die Liebfrauenkirche soll eine Gründung von Erzbischof Willigis sein. Für sie soll Erzbischof Willigis die Bronzetürflügel gießen lassen haben, die heute am Marktportal des Doms eingebaut sind.

Die Rekonstruktion von JACOBSEN mit einer an den Willigis-Dom anschließenden Basilika ist ziemlich eigenwillig. Mein Alternativvorschlag ist, dass der dem so genannten Willigis-Dom zugedachte Ostriegel ursprünglich der Westbau der Liebfrauenkirche war. Im heutigen Dombau sind dieser ursprüngliche Westbau im Kern sowie die Treppentürme möglicherweise sogar in voller Höhe erhalten, jetzt als Ostbau des Doms.

Da ich Willigis für ein Konstrukt erachte, erübrigt sich die Frage, ob die Liebfrauenkirche eine Gründung von Willigis war und ob die Bronzetürflügel von ihm gestiftet worden sind. Die Widmungsinschrift auf den Bronzetürflügeln, die außer Willigis auch den "großen Kaiser Karl" erwähnt ist entweder nachträglich oder die Bronzeflügel sind in Gänze später.

Die traditionelle Forschung sieht bei den Maßnahmen in der 1. Hälfte des 12. Jh., genauer gesagt von um 1100 bis 1137, nur den Ostbau mit der Apsis und Teile des Langhauses sowie die St.-Gothard-Kapelle. Da die traditionelle Forschung den Großteil der Baumaßnahmen schon Willigis zugebilligt hat, blieb für die Bauphase im 12. Jh. nicht mehr viel übrig.

Dem ist zu widersprechen. In der ersten Hälfte des 12. Jh. entsteht der gewestete Dombau mit dem weit ausladenden Westquerhaus und der Apsis sowie dem Langhaus (ohne Ostchor und Ostapsis).

Die "Mode", der gewesteten Kirchen währte nur kurz. Wie bei allen anderen gewesteten Kirchenbauten dieser Zeit wurde die Westung schon kurze Zeit später wieder aufgehoben. Die Kirchen wurden entweder außer Nutzung genommen und später abgebrochen (Magdeburg, Hildesheim) oder zu geosteten Kirchen umgebaut (Köln, Fulda, Augsburg). Von der etablierten Forschung wurde und wird bis heute dieser Zusammenhang nirgendwo erkannt.

Natürlich ereilte auch Mainz dieses Schicksal. Der Bau wurde zunächst eingestellt und blieb offenbar lange Zeit als Bauruine stehen. Die Einstellung des Baus sehe ich noch in der ersten Hälfte des 12. Jh.

In Mainz wundert man sich nur: "Aus der auf die Teilerrichtung des Mittelschiffs und der Gothardkapelle folgenden Zeit erfahren wir von manchen Schicksalsschlägen, die den Dom trafen, jedoch zunächst nicht zu feststellbaren Wiederherstellungen führten." [ARENS, 41]

Oder: "Um 1190 wird der Dom als verwüstet ohne Tür und Dach oder Decke geschildert ... Der Dom war in einem so traurigen Zustand, daß eine gründliche Erneuerung notwendig wurde." [ARENS, 41]

Die vielleicht nur kurze Zeit nach dem jetzt eingestellten Dom-Neubau begonnene Liebfrauenkirche wurde vermutlich danach noch weitergebaut und fertiggestellt. Sie hatte im Westen einen dreizelligen Westbau (Doppelturmfassade?) mit im Norden und Süden angefügten Treppentürmen, sofern diese nicht später - im Zusammenhang mit der Einbeziehung in den spätromanischen Dombau - angefügt wurden.

Ende des 12. Jh. entschied man sich, einen neuen Anlauf für den Dombau zu unternehmen. Dazu wurden die noch stehenden Baureste, das Querhaus einschließlich Westapsis(?) sowie das Langhaus, bis auf die Fundamente abgebrochen. Auf den Fundamenten des vorangegangenen Baus wurde ein Neubau errichtet. Vermutlich durch den Umbau des Doms in Speyer mit Einwölbung des Mittelschiffs (trad. Speyer II, Weihe angeblich 1106) angeregt, wollte man einen großartigeren, jetzt gewölbten Dombau errichten. Ich sehe die Planänderung für einen gewölbten Bau in Speyer um die Mitte des 12. Jh., seine Fertigstellung dann im 13. Jh. (siehe [MEISEGEIER 2019-2, 204], womit der Baubeginn am Ende des 12. Jh. in Mainz durchaus korreliert.

Für den viel massiveren Gewölbebau waren die schmalen Mittelschiffsfundamente des Baus aus dem 12. Jh. nicht mehr ausreichend. Man beließ die alten Mittelschiffsfundamente im Boden, verstärkte sie jedoch, indem man diese beidseitig verbreiterte. Die Verbreiterungen erhielten eine Pfahlgründung.

Den Westbau der ehemaligen Liebfrauenkirche bezog man für den Neubau als Ostbau ein, baute ihn aber um und ergänzte ihn mit einer Apsis im Osten, deren Gründung übrigens auch auf Pfählen steht.

Das ursprünglich weit ausladende Querhaus wurde verkürzt und zur Aufnahme des Gewölbeschubs wurden Strebepfeiler angeordnet. Im Westen erhielt der Bau einen neuen Chor in Form eines Trikonchos. 1239 wurde dieser Bau geweiht.

Die Liebfrauenkirche brach man bis auf den im Osten verbliebenen Rest ab. Ob die Seitenschiffe als Arkadengänge noch stehen blieben oder nicht, ist hier nicht relevant.

Vermutlich wurden die Baumaßnahmen mit dem Umbau des Ostbaus (des ursprünglichen Westbaus der Liebfrauenkirche) und der Errichtung der Ostapsis begonnen. Jetzt, Ende des 12. Jh., sind die Säulenportale natürlich nicht mehr die ältesten Deutschlands. Auch der Einbau der Krypta dürfte in diese Zeit fallen. Die Basen (sofern überhaupt original?) sind mit Eckzehen versehen, die erst ab ca. 1130 vorkommen. Die altertümliche Wirkung der Krypta ist vermutlich dem Willen geschuldet, die Krypta des Doms zu Speyer einigermaßen zu kopieren. Die Basen in Speyer haben keine Eckzehen. Die heute zu besichtigende Krypta wurde 1872/76 rekonstruiert. "Der Rückgriff auf die fast 80 Jahre älteren frühromanischen Formen bei dem modernen Grundkonzept für den Gewölbebau kann ebenso durch Geldmangel wie durch Pietät gegenüber dem Vorbild bedingt sein." [WINTERFELD / JANSON / WILHELMY, 10]

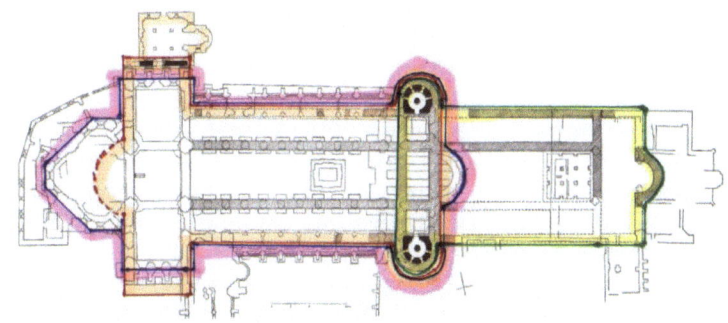

Mainz, Dom und Liebfrauenkirche. Grundriss aus [OSWALD / SCHAEFER / SENNHAUSER, nach 204]
Farben der Umrisslinien:
Gelb: Liebfrauenkirche
Orange: Dom (Ende 11./12. Jh.)
Magenta: Dom (Ende 12./13. Jh.)

Die Doppelkapelle St. Gothard

Die angeblich im Jahr 1137 geweihte Doppelkapelle St. Gothard verwendet die Nordwand des Querhausgiebels des "römischen" Westquerhauses als Südwand. Das bedeutet, dass zur Zeit ihrer Errichtung das alte Westquerhaus noch existent war.

Daraus ergeben sich zwei Möglichkeiten hinsichtlich ihrer Datierung.

1. Die Doppelkapelle wurde zur Bauzeit der "römischen Kopie" von Alt-St.Peter errichtet. Dazu könnte die traditionelle Weihe 1137 durchaus passen.

2. Die Doppelkapelle wurde erst nach der Entscheidung zur Wiederaufnahme des Baus errichtet, d. h. ab Ende des 12. Jh.

Aus meiner Sicht scheidet das Weihejahr 1137 für die Doppelkapelle grundsätzlich aus. Doppelkapellen wurden üblicherweise erst ab der 2. Hälfte des 12. Jh. bis ins 13. Jh. errichtet. Der "Ausreißer" am Speyerer Dom, wo KUBACH die Doppelkapelle schon 1090 sieht, ist der falschen zeitlichen Einordnung des Dombaus geschuldet (siehe [MEISEGEIER 2019-2, 197ff]). KUBACH bezweifelt dort die Funktion einer Doppelkapelle und sieht in dem Untergeschoss den Kapitelsaal. Er kann sich jedoch die Öffnung zwischen Unter- und Obergeschoss nicht erklären. [KUBACH, 91ff]

Damit bleibt nur die zweite Möglichkeit, dass die Doppelkapelle frühestens ab dem Ende des 12. Jh. errichtet wurde. Offenbar erfolgte ihr Bau noch vor der Planänderung, die Querhausarme zu verkürzen. Die Verkürzung dürfte auf die Einwölbung der Querhausarme zurückzuführen sein.

Regensburg, St. Emmeram

Ich mache es mir einfach und übernehme für die Frühgeschichte von St. Emmeram die Zeittafel aus dem Schnell-Kunstführer von PIENDL [PIENDL, 30]

652-715	Tod des Märtyrerbischofs Emmeram - Begräbnis in der Georgskirche
um 740	Übertragung Emmerams in die neue Choranlage und Heiligsprechung durch Abtbischof Gaubald

152

8. Jh.	Bau einer dreischiffigen Basilika
972-994	Sankt Wolfgang ist Bischof von Regensburg - Hauptpatron der Diözese
980	Weihe der Ramwoldkrypta durch Bischof Wolfgang
um 1050	Bau des Westquerhauses und des Westchores
1052	Weihe der Wolfgangskrypta durch Papst Leo IX. - Übertragung und Heiligsprechung Wolfgangs
1166	Kirchenbrand

Danach geht es erst 1575 weiter, weshalb ich auf die weitere Wiedergabe verzichte.

Noch ein paar interessante Informationen in der Literatur:

Die Georgskirche lag außerhalb der römischen Mauern, im Bereich römischer Profanbauten. Christliche Bestattungen in diesem Gelände sind erst in merowingischer Zeit nachgewiesen. [JACOBSEN / SCHAEFER / SENNHAUSER, 338]

"Die genaue Lage und Gestalt dieser Georgskirche ist nicht bekannt." [Wikipedia]

"Bei der Bistumsorganisation 739 wurde eine Personalunion zwischen dem Bischof und dem Abt von St. Emmeram geschaffen, die erst 975 unter Bischof Wolfgang besitzrechtlich und personell eine Trennung fand." [PIENDL, 2]

In St. Emmeram befinden sich die Grablegen der Regensburger Bischöfe bis zur Mitte des 12. Jh. [ebd., 2]
"Die Klostertradition beansprucht auch die Gräber von Karolingern und bayrischen Herzögen, unter ihnen sind besonders Königin Hemma und Kaiser Arnulf zu nennen." [ebd., 3]

Beim Brand von 1166 muss die gesamte Klosteranlage in Mitleidenschaft gezogen worden sein. [ebd., 9f]

"Die beträchtliche Weite des Hauptschiffes der Kirche (13 m) hat Georg Dehio zu der Äußerung veranlasst, dass sie an altchristliche Anlagen Italiens erinnere." [ebd., 12]

Bisherige Rekonstruktionen

"Heute bestehen keine Zweifel mehr darüber, dass diese Georgskirche bzw. ihr Vorläuferbau als frühchristliche Kirche aus spätrömischer Zeit zu betrachten ist. Ihre Lage dürfte im Bereich des südlichen Nebenchores (Georgschor) der bestehenden Kirche zu suchen sein, wo sich nach der Klostertradition auch die ursprüngliche Beisetzungsstätte des fränkischen Wanderbischofs befindet." [PIENDL, 6]

"Der Kern des heutigen Baus wurde gegen 780 unter Abtbischof Sintpert (768–791) errichtet. Es handelte sich um eine flachgedeckte Kirche mit mindestens einer Apsis im Osten, die von einer außenliegenden, gewölbten und noch erhaltenen Ringkrypta umgeben war. Eine Konfessio gewährte den Blick aus der Ringkrypta auf das neu geschaffene Grab des Emmeram unter dem Hauptaltar. In der Krypta sind Wandmalereien der Erbauungszeit erhalten. Ob diese karolingische Kirche schon drei Schiffe hatte wie heute und wie weit sie nach Westen reichte, ist nicht klar. Es fehlen flächendeckende Ausgrabungen im Innenraum der Kirche." [Wikipedia]

Im Katalog der vorromanischen Kirchenbauten ([OSWALD / SCHAEFER / SENNHAUSER, 273ff] und [JACOBSEN / SCHAEFER / SENNHAUSER, 337ff]) werden zwei Bauphasen unterschieden:

Bau I soll eine Pfeilerbasilika mit Dreiapsidenschluss und Ringkrypta gewesen sein, wobei sowohl bei der Pfeilerbasilika als auch beim Dreiapsidenschluss Fragezeichen gesetzt wurden, d. h. dass diese Angaben mit Unsicherheiten behaftet sind. Eine umfassende Bauuntersuchung steht aus.

Die Krypta sowie die Apsis und die Nebenapsis wie die Pfeiler auf der Nordseite zwischen Chor und Nebenchor gelten als gleichzeitig. Das Mauerwerk über der Pfeilerzone wurde wohl im frühen 12. Jh. erneuert. Die o.a. Pfeiler kann JACOBSEN bislang keiner der vorromanischen Bauphasen zuweisen.

Der tonnengewölbte Kryptastollen außen um die Apsis geführt, ursprünglich geradlinig vom Hauptchor zugänglich. OSWALD sieht in der Krypta die "Primitivform des Typus der spätkarolingischen Umgangskrypten" [OSWALD / SCHAEFER / SENNHAUSER, 274].

Im Scheitel des Umgangs nach Westen abzweigend Mittelstollen, eine den Sarkophag mit dem Heiligengrab eng umschließende Kammer, ursprünglich durch eine Fenestella vom Umgang aus sichtbar. Über dem Grab hinter dem Hochaltar bis in neuere Zeit ein Hochgrab.

Zur Datierung OSWALD: "Die Einheitlichkeit der Anlage mit der Überlieferung der Translation des hl. Emmeram durch Gawibald und eines Neubaues durch Sintpert schwer zu vereinbaren" [ebd., 274].

Er sieht die Nennung der Krypta 791 als *Terminus ante quem*.

Unter **Bau Ia** wird die Außenkrypta sowie die Aufstockung des Ringganges gesehen.

Die Außenkrypta (Ramwoldkrypta), ein annähernd quadratischer Raum mit gestelzter Apsis und Rechteckannexen im Norden und Süden. Vom Ringgang der Ringkrypta über einen kurzen Verbindungsgang, der zwei gegenüberliegende Ausgänge ins Freie besaß, zugänglich.

Das Innere dreischiffig auf zwei Freistützen. Der Außenumgang und der Verbindungsgang zweigeschossig. Die Ramwoldkrypta wohl ohne Obergeschoss.

OSWALD datiert diese Bauphase in die Zeit 978-980.

Bemerkung: Die Grundrissrekonstruktion (nach MADER und HAAS) geht offenbar davon aus, dass die Außenwand des Kryptaumgangs als Apsiswand der Hauptapsis hochgeführt war. Dem dürfte vielleicht die ursprüngliche, geringe Wanddicke der Außenwand von 98 cm entgegenstehen. Die Wand wurde erst im 18. Jh. mit dem Bau der heutigen Apsis erheblich verstärkt. [ebd., 338] Die Vergrößerung der Apsis erfolgte möglicherweise erst viel später.

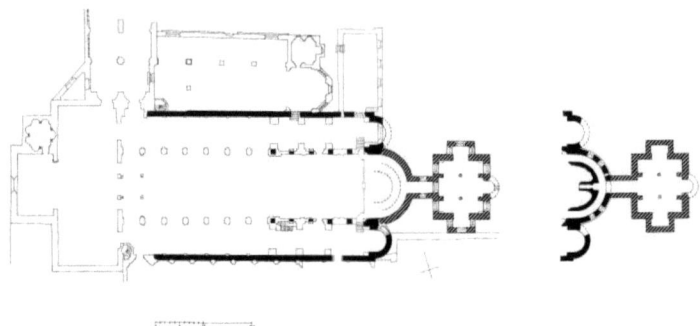

Regensburg, St. Emmeram. Grundriss nach MADER und HAAS [JACOBSEN / SCHAEFER / SENNHAUSER, 345]

Alternative Baugeschichte

Die gesamte Gründungsgeschichte und Tradition von St. Emmeram sind ein Konstrukt. Natürlich gab es auch nie eine Personalunion von Bischof und Abt von St. Emmeram. Das Bistum Regensburg soll 739 gegründet worden sein, als Regensburg angeblich von Bonifatius dem Kanonischen Recht und somit dem Bischof von Rom unterstellt wurde [Wikipedia] 798 soll das Bistum dem Erzbistum Salzburg unterstellt worden sein.
Ich sehe die Gründung des Bistums Regensburg im 12. Jh. Die Datierung 739 könnte merowingisch/spätantik sein, womit sich korrigiert das Jahr 1157 u. Z. ergibt. Die Unterstellung unter das Erzbistum Salzburg könnte dann 1216 erfolgt sein oder Regensburg war von Anfang an ein Suffraganbistum des Bistums Salzburg. Erzbistümer und demzufolge

Suffraganbistümer gab es erst seit der ersten Hälfte des 12. Jh. Die Erhebung eines Bistums zum Erzbistum durch die römische Kirche gehörte zum Instrumentarium Roms bei der Infiltration der fränkischen Landeskirche.

Vermutlich war der Gründungsbau eine Eigenkirche im Zusammenhang mit den Bemühungen um die Bistumsgründung. Der Gründungsbau hatte möglicherweise den hl. Georg als Patrozinium.
Die Konzeption des Gründungsbaus war eine gewestete, dreischiffige Basilika mit durchgehendem, sog. römischem Querhaus und gerade geschlossenen Westchor mit Krypta.
Der Bau war als Kopie von Alt-St. Peter in Rom beabsichtigt. Damit wollte der Bischof von Regensburg seine Hinwendung zur römischen Kirche demonstrieren. Ähnliche Beispiele sind der Dom zu Fulda, der Dom zu Mainz, der Dom zu Köln, der Dom zu Hildesheim, der Dom zu Augsburg, St. Aposteln zu Köln und vermutlich die Nordkirche in Magdeburg (siehe[MEISEGEIER 2017, 164ff], [MEISEGEIER 2019-1, 163ff], [MEISEGEIER 2019-2, 48ff, 65ff, 74ff, 98ff, 133ff]).
Die "Mode", gewestete Kirchen als Kopien von Alt-St. Peter endete jedoch relativ schnell, da die feindliche Übernahme der fränkischen Landeskirche durch die römische Kirche relativ schnell Erfolg zeigte, so dass solche Demonstrationen nicht mehr nötig waren.
Im Prinzip kann man Georg DEHIO mit seiner Äußerung, dass die beträchtliche Weite des Hauptschiffes an altchristliche Anlagen Italiens erinnert, Recht geben, nur, dass diese sog. "altchristlichen Anlagen Italiens" ebenfalls Bauten des 11./12. Jh. sind [MEISEGEIER 2017, 25ff].

Den Baubeginn von St. Emmeram sehe ich um 1100. Der Bau wurde im Westen und im Osten etwa gleichzeitig begonnen. Bis zur Planänderung, d. h. der Aufgabe der gewesteten Anlage zugunsten einer geosteten Kirche, waren weitgehend fertiggestellt: Westchor, Westquerhaus, Westkrypta, die Seitenschiffswände, die westlichen Joche des Langhauses. Die freigelegten, fälschlich dem 8. Jh. zugewiesenen Bauteile sind die beiden östlichen Joche der nördlichen

Mittelschiffsarkaden, die erst im Zusammenhang mit der Errichtung des späteren Ostchors nachträglich geschlossen wurden. Dass um 1100 noch Baumaterial aus ehemals römischen Bauten verwendet wurde, verwundert keinesfalls. Baumaterial war teuer. Die Ruinen der in der ca. 150 Jahre zurückliegenden Katastrophe zerstörten römischen Bauten boten immer noch ein reiches Materialdepot für die hochmittelalterlichen Bauvorhaben.

Die Aufgabe des gewesteten Baus sehe ich um 1120/40. Der Bau wurde jetzt zu einem geosteten Bau umgebaut. Die Ostfassade wurde zurückgebaut und an deren Stelle drei Apsiden errichtet.
Offenbar waren erst jetzt die Reliquien des hl. Emmeram "beschafft" worden, für deren Präsentation die Ringkrypta mit Außenumgang errichtet wurde. Mit der Präsentation der Emmerams-Reliquien erfolgte der Patrozinienwechsel zu St. Emmeram. Georg wurde in den Nebenchor "verbannt".

Die Außenkrypta mit dem Verbindungsgang wurde vermutlich nur kurze Zeit später nachträglich angebaut (zwei Fenster im Ringgang wurden durch den Anbau des Verbindungsgangs verdeckt). Der Ringgang und der Verbindungsgang waren doppelgeschossig. Vermutlich waren im Obergeschoss des Ringgangs und des Verbindungsgangs notwendige Nebenräume untergebracht (Sakristei, Schatzkammer).
Die Vorhalle sehe ich um die Mitte des 12. Jh. Die gesamte Vorhalle einschließlich der plastischen Arbeiten zu Seiten der Portale sind traditionell um ca. einhundert Jahre zu früh datiert.
Als letzte Baumaßnahme, vermutlich in der 2. Hälfte oder Ende des 12. Jh. wurde das Langhaus errichtet und eingewölbt.
Die Datierung des Baus um 1100 wird durch den angedeuteten, noch nicht voll verwirklichten quadratischen Schematismus gestützt. Zwar sind der Chor und die Querarme noch längs-bzw. querrechteckig, aber die Seitenschiffe haben bereits die halbe Breite des Mittelschiffs. Die Länge des Langhauses ergibt 3 ½-mal die Breite der Vierung. Auch die

ursprüngliche Arkadenstellung folgte offenbar diesem Schema.
Die Klosteranlage wurde vermutlich erst nach der Mitte des 12. Jh. begonnen. Der angebliche Brand von 1166 soll die "alte Klosteranlage" zerstört haben. Nach meiner Auffassung gab es nie eine "alte Klosteranlage".
Die Klosterkirche soll die Grablegen der Regensburger Bischöfe bis zum 12. Jh. beherbergen. Wie oben ausgeführt, sehe ich die Bistumsgründung erst im 12. Jh., womit es keine Bischöfe davor gegeben haben kann. Die Grablegen sind pure Legende, nicht real.
Genauso natürlich die angeblichen Grablegen von Karolingern und bayrischen Herzögen, die die Klostertradition beansprucht, unter ihnen besonders die Gräber von Königin Hemma († 876), und Kaiser Arnulf († 899) [PIENDL, 3].

"Die Gräber des Kaisers Arnulf († 899) und König Ludwig des Kindes († 911) sind seit 1786 nur durch barocke Inschriften gekennzeichnet." [PIENDL, 21]
Das Grabmal der Königin Hemma († 876), angeblich Gemahlin König Ludwigs des Deutschen, wurde um 1280 gefertigt [ebd., 22].
Und die Tumba des Herzogs Arnulf von Bayern († 937)? "Die Tragpfeilerchen stammen aus dem 19. Jh., die interessant ornamentierte Deckplatte wohl 10. Jh." [ebd., 22]

Wie sieht es eigentlich mit dem Grab des hl. Emmeram aus?
"Im Scheitel des Ganges gegen Westen eine Wandnische mit einer Altarmensa. In Höhe derselben, durch eine Steinplatte verdeckt, eine Grabkammer von 1 m Breite, ursprünglich ca. 80 cm Höhe und ca. 2,25 m Länge, darin ein frühmittelalterlicher Steinsarkophag, der die Gebeine einer Neubestattung vom Ende der Karolingerzeit enthält." [ebd., 24]

Reichenau-Mittelzell, Münster St. Maria und Markus

Die traditionelle Gründungs- und Baugeschichte im Überblick nach [OSWALD / SCHAEFER / SENNHAUSER, 278]:
724 Gründung durch den hl. Pirmin im Auftrag Karl Martells
799 Beisetzung Graf Gerolds (Schwager K.d.G.) in der Kirche Neubau durch Abt Heito (806-22/23? †836). Weihe 816 (überliefert von Hermann dem Lahmen)
Unter Abt Erlebald (823-38) Errichtung eines *templum*
830 Erwerb einer Valensreliquie, von Bischof Gebhard I. von Konstanz als Reliquie des Evangelisten Markus geoffenbart
923 oder 925 Übertragung der Reliquie des Hl. Kreuzes und Blutes
988-90 Erweiterung der Kirche unter Abt Witigowo (985-97),
991-92 Anfügung einer erhöhten Michaelskapelle mit seitlichen Treppentürmen und eines Paradieses
1006 Brand
1048 errichtete Abt Berno (1008-48) "novam sancti Marci evangelistae patroni nostri basilicam" (Hermann der Lahme). Baubeginn nach späterer Überlieferung 1029. Weihe 1048 in Anwesenheit Kaiser Heinrich III.
1172 Beginn von Bauarbeiten (Erneuerung des östl. Langhausteiles und der südl. Querhauswand)
1235 zweimaliges Brandunglück
Unter Abt Diethelm von Kastel (1306-43) Bauarbeiten im Kloster
15./16. Jh. Neubau des Chores, 17. Jh. Erneuerung des westl. Langhauses u. Außenmauer des Südseitenschiffs, 18. Jh. teilweise Erneuerung des Nordflügels des Ostquerhauses

Bisherige Rekonstruktionen der Baugeschichte

Wikipedia:
Ab 724 vermutlich noch unter dem Gründerabt Pirmin eine erste Holzkirche. Der Nachfolgebau unter Abt Haito: eine karolingische, kreuzförmige Basilika zu Ehren der

Gottesmutter Maria, geweiht 816, von der heute noch Teile in der Vierung und im Ostquerhaus erhalten sind.
830 sollen Reliquien des hl. Markus nach Reichenau gekommen sein.
Der Nachfolger Haitos, Erlebald (823-838) erweiterte die Abteikirche um ein Langhausjoch, ein Westquerhaus und ein doppeltürmiges Westwerk.
925 soll das Kloster ein byzantinisches Abtskreuz mit einer Heilig-Blut-Reliquie erlangt haben, wofür östlich der Basilika eine Rotunde nach dem Vorbild der Jerusalemer Grabkirche errichtet wurde.
Unter Abt Berno Erweiterung der karolingischen Kirche "zur im Wesentlichen bis heute erhaltenen Gestalt, am augenfälligsten durch eine weitere Westverlängerung mit einem neuen Querhaus an Stelle des alten Westwerks und davor einem monumentalen, querrechteckigen und reich gegliederten Turm." [Wikipedia] Dieser Westbau diente der Präsentation der Markusreliquien. Er soll 1048 im Beisein von Kaiser Heinrich III. von Bischof Theoderich geweiht worden sein.
Der Chor wurde in spätgotischer Zeit errichtet, wozu die Heilig-Blut-Kapelle abgerissen wurde.
888 soll Kaiser Karl III., der Dicke, im Münster bestattet worden sein. "Seine Grabplatte, eingelassen im Chor des Münsters, enthält die Inschrift „CAROLVS III IMPERATOR † 888"; sie wurde 1728 an die Sakristei verlegt." [ebd.]

Nach JACOBSEN [JACOBSEN 1992, 152ff]:
Um 724 soll die Abtei durch Pirmin gegründet worden sein. Der Bau war eine Marienkirche. Später Peter und Paul als weitere Patrone. [ebd., 152]
Dieser Bau I und Ia war nach den Grabungen 1929 und 1940 eine Saalkirche mit eingezogenen Rechteckchor, die kurze Zeit später nach Westen verlängert wurde.
Anfang des 9. Jh. soll Abt Heito (806-823) einen Neubau (Bau II) errichtet haben, der 816 geweiht worden sein soll. [ebd., 153]
Dieser Neubau - i. W. die aktuelle Kirche - war eine dreischiffige Basilika, mit kurzem Langhaus, östlich anschließendem Querhaus und Ostchor. Das Querhaus aus

drei nahezu quadratischen Kompartimenten, das mittlere als Vierung ausgebildet, der Ostchor etwa quadratisch mit Zwillingsapsiden als Ostabschluss. Im Westen soll diese sog. Heito-Basilika nachträglich ein Querhaus erhalten haben, das mit einem Zwischenjoch an das Langhaus anschloss. [ebd., 156]

Diesem Westquerhaus soll in der Mitte wohl lediglich ein querrechteckiger Vorbau in der Breite des Mittelschiffs vorgelagert gewesen sein [ebd., 158].

Das Westquerhaus vermutlich das unter Abt Erlebald (823-838) errichtete *templum*, vielleicht im Zusammenhang mit der Translation der Markusreliquie, die zunächst als Valensreliquie angesehen wurde. Diese Reliquie soll zunächst in *basilica sanctae Mariae in una absida*, später an anderer Stelle (*basilica sancti Marci*) untergebracht gewesen sein. [ebd., 153].

"Vor Witigowo bestand die Kirchenanlage ... aus zwei uneinheitlichen getrennten Teilen. In dieser Doppelanlage muß nach den Grabungsergebnissen die Heito-Basilika und deren nachträgliche Erweiterung mit dem ersten Westquerhaus ... gesehen werden. ... Die schriftlichen Nachrichten bestätigen diese Zweiteilung der Gesamtanlage durch zwei separate Benennungen: Sie bezeichnen die östliche Heito-Basilika als eigentliche Abteikirche von Anfang an als *basilica sanctae Mariae*, die verbleibende westliche Anfügung mit Westquerbau, entsprechend auch dem 1048 geweihten westlichen Folgebau Bernos, als *basilica sancti Marci*." [ebd., 160]

Östlich der Zwillingsapsiden wurde nachträglich eine Rotunde errichtet, verbunden mit der Kirche durch einen kleinen, hallenartigen Zwischenbau. Der Zugang von der Kirche in die Rotunde erfolgte durch nachträglich in die Scheitel der Zwillingsapsiden eingebrochene Türen. Das Fußbodenniveau der Rotunde tiefer als der Chor der Basilika. [ebd., 159]

Diese östliche Rotunde als Heilig-Grab-Rotunde identifiziert. Die Hl.-Kreuz-Reliquie wurde anscheinend bereits 946 separat verehrt. Damit sei die Rotunde schon bald nach 925, dem Jahr der Reliquientranslation entstanden. [ebd., 160]

Unter Abt Witigowo (985-997) soll das Langhaus erweitert und eine hochgelegene Michaelskapelle mit flankierenden Türmen angefügt worden sein, davor ein Paradies mit Arkadengängen. [ebd., 155]

Dabei wurden in die Winkel zwischen den Westquerarmen und dem westlichen Vorbau südlich und nördlich massive Türme gesetzt, das bestehende Westquerhaus aufgegeben und das Langhaus bis an die neuen Türme verlängert. Weiterhin wurden die Seitenschiffe verbreitert. [ebd., 159]

Die nächste Baumaßnahme war die Errichtung des heute noch bestehenden westlichen Teile mit Westquerhaus und Westbau mit Westapsis. Dieser völlige Neubau der *basilica novam sancti Marci* soll Anfang des 11. Jh. (Baubeginn um 1029?), unter Abt Bern (1008-1048), erfolgt sein, dessen Weihe 1048. [ebd., 155]

Die Fassade mit den Westtürmen wurde wieder aufgegeben, an deren Stelle erneut ein Westquerhaus errichtet.

Heutige Westteile mit dem 1048 geweihten Berno-Bau identifiziert und damit ein Terminus ante quem für alle vorherigen Baumaßnahmen der Westteile. Ostteile gehen auf die 816 geweihte Abteikirche Heitos zurück. Damit diese Terminus ante quem für die Saalkirche und ein Terminus post quem für die östliche Rotunde. [ebd., 160]

Im späten 12. Jh. Erneuerung der östlichen Langhausteile, im 15. u. 16. Jh. der westlichen Langhausteile und der Außenwand des südl. Seitenschiffs über den alten Fundamenten. 155

Vorromanische Kirchenbauten. Katalog der Denkmäler bis zum Ausgang der Ottonen [OSWALD / SCHAEFER / SENNHAUSER, 278ff], [JACOBSEN / SCHAEFER / SENNHAUSER, 342f]:

(Dadurch, dass JACOBSEN Mitautor im Supplementband war, differieren verständlicherweise die Angaben zum vorigen Absatz kaum.)

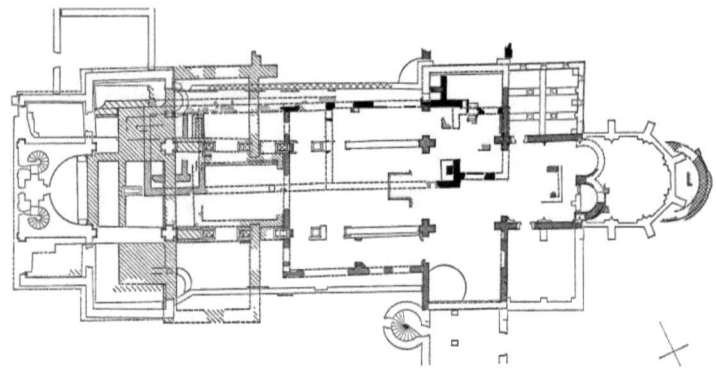

Reichenau-Mittelzell, St. Maria und Markus, Grundriss aus
[OSWALD / SCHAEFER / SENNHAUSER, 279]

Bau I - Saalkirche mit Rechteckchor Dat.: um 724

Bau Ia - Verlängerung des Schiffes und westlicher Vorraum
Dat.: wohl bald nach 724

Bau II - Kreuzförmige Basilika mit ausgeschiedener Vierung,
Vierungsturm (?) und Zwillingsapsiden
Von diesem Bau Vierung, Ansatz der Langhausarkaden, die
Seitenmauern des Chorquadrums und Teile des Querhauses
aufgehend erhalten.
Die querrechteckige Vierung ausgeschieden durch
Bogenstellungen ohne Kämpfer. Die Vorlagen der nord-
südlichen Bögen im 12. Jh. bei Anlage des Chorus minor
abgefangen.
Ein Vierungsturm im aufgehenden Befund konnte nicht
nachgewiesen werden (Reste von Blei im Brandschutt unter
der Vierung als entsprechender Hinweis gewertet).
Der Durchgang zum Südschiff erhalten, ebenso fünf
Rundbogenfenster. An Querhaus und Chor Reste einer
Gliederung des Obergadens durch breite Lisenen bis zur
Mauerkrone.

Als Ostabschluss des Altarhauses zwei hufeisenförmige Apsiden ergraben, davor Reste eines Altarpodiums.
Quadratischer Anbau im Chorwinkel an der Nordseite nachgewiesen (für die Südseite von LEHMANN vermutet).
Im Langhaus ist als nördliche Außenwand die Nordwand von Bau I beibehalten, West- und Südbegrenzung wurde nachgewiesen.
Auffallend die Kürze des nicht einmal quadratischen Langhauses. Nach REISSER doppelte Länge geplant, jedoch nicht ausgeführt.
Dat.: Weihe 816 (Baubeginn unbekannt)

Bau IIa - Westbau mit Türmen
Ergraben wurden mächtige Fundamente eines über die Flucht der Seitenschiffe von Bau II weit ausspringenden quergelagerten Baues, durch ein in der Flucht der Schiffsmauern ansetzendes Zwischenjoch mit Bau II verbunden. An der Westseite Fundamentblöcke von Türmen, dazwischen schwache Mauer in der Flucht der Turmfronten.
Rechteckvorsprung nach Westen von LEHMANN als gleichzeitig angesehen.
Zugehörigkeit einzelner Teile sowie ihre Deutung umstritten.
Nach REISSER Westquerschiff mit davor gelegener Doppelturmfassade - eine gänzlich ungewöhnliche Kombination. LEHMANN denkt an urspr. Westwerkplan, der aufgegben wurde (Fundamentrost fehlt). Erwägenswert die Deutung als Westwerk ohne Untergeschoss wie in Werden und Köln, St. Pantaleon, zu dem auffallende Planverwandtschaft besteht.
Dat.: Nach REISSER Abt Erlebald zuzuschreiben. Entstehung im späten 9. oder frühen 10. Jh. nach der Bestimmung der Markusreliquie zu erwägen.
JACOBSEN: Westturmfundamente vielleicht erst später mit Bau IIc.

Bau IIb - Rundkapelle hinter dem Ostchor
Die Osthälfte des Fundamentes mit aufgehenden Resten ergraben, ebenso der Ansatz des Zwischenbaues an die Südapsis. Innerhalb der Mauer Fußboden und Spuren eines

nachträglich errichteten Altares. Der Fußboden ca. 2,40 m unter dem des karolingischen Chores. Der Zugang durch zwei Türen, die in die Apsisscheitel eingebrochen wurden. Zwischen Apsiden und Rotunde ein nicht näher greifbarer, rechteckig angenommener Zwischenbau in vermittelnder Höhenlage. Von den anzunehmenden Treppen keine Spur gesichert.

Dat.: Zwischen 923-25 und 946 angesetzt.

Bau IIc - Verlängerung und Erweiterung des Langhauses, Westbau mit Treppentürmen und Emporenkapelle, Atrium

Aufgehend erhalten Teile der Außenmauern der Seitenschiffe, ergraben die Basen der Pfeiler im verlängerten Langhaus und Spuren des Atriums.

Süd- und Mittelschiff lagen eine Stufe höher als Bau II, das Nordschiff auf gleicher Höhe.

Die Gestalt des Westbaus aus dem Carmen Purchardi erschlossen, das Treppentürme und dazwischen Michaelskapelle in erhöhter Lage belegt. Für die Rekonstruktion nur die Übernahme der Turmfundamente von Bau IIa zu verwerten.

Das gleichfalls überlieferte Atrium nach REISSER nur an der Nordseite in einem Mauerrest gefunden.

Dat.: 988-93

Die Baumaßnahmen des 11. Jh. sind im Katalog nicht behandelt, da der Katalog nur Denkmäler bis zum Ausgang der Ottonen (1024) enthält.

Alternative Rekonstruktion der Baugeschichte

Da ich einen monumentalen Kirchenbau im Frankenreich vor der Jahrtausendwende nicht sehe, ist zumindest die Datierung der Bauphasen neu zu überdenken. Die Klammerung an die sog. zeitgenössischen Schriftquellen, die ausnahmslos später konstruiert wurden und somit Fälschungen bzw. Pseudepigraphen sind, hat die Bauforscher zwangsläufig in die Irre geleitet.

Die gesamte Gründungsgeschichte ist konstruiert und für die Beurteilung der Baugeschichte einfach unbrauchbar. Natürlich sind die materiellen Hinterlassenschaften, ob bei den Grabungen ermittelt oder sogar im bestehenden Bauwerk noch enthalten, nicht wegzuleugnen.

Für die Datierung liefert uns der sog. Bau II, die sog. Heito-Basilika, einige Hinweise (Bau I ist natürlich davor einzuordnen, doch diese Einordnung gelingt besser, wenn zuvor Bau II richtig platziert ist.).

Bau II rekonstruiert JACOBSEN als eine dreischiffige Basilika mit kurzem Langhaus, östlich anschließendem Querhaus und Ostchor. Das Querhaus bestand aus drei nahezu quadratischen Kompartimenten, das mittlere als Vierung ausgebildet, der Ostchor etwa quadratisch mit Zwillingsapsiden als Ostabschluss. Dieser Bau erhielt nachträglich im Westen ein Querhaus mit einem westlichen, "wohl lediglich" querrechteckigem Vorbau in der Breite des Mittelschiffs.

Bemerkenswert ist die kreuzförmige Ostbaulösung, bestehend aus vier quadratischen, etwa gleich großen Raumteilen - unzweifelhaft ein Charakteristikum des quadratischen Schematismus. Dazu die ausgeschiedene Vierung. Der quadratische Schematismus kommt erst Ende des 11. Jh. auf, das Ausscheiden der Vierung dagegen frühestens um 1100.
Das kurze Langhaus und den nachträglichen Anbau eines Westquerhauses erachte ich für eine Fehlinterpretation der Grabungsergebnisse.
JACOBSEN gesteht: "Während Saalkirche, Heito-Basilika und Rotunde demnach zweifelsfrei zu deutende Bauten sind, bereiten die Grabungsbefunde im Westen, insbesondere die Frage nach der Entstehungszeit des ersten Westquerhauses, Probleme." [JACOBSEN 1992, 160]

Ich biete nachfolgend eine Lösung dafür an:
Nach meiner Ansicht wurde nach Bau I zunächst ein gewesteter Bau errichtet bzw. war dessen Errichtung geplant.

Der "wohl lediglich" querrechteckige Vorbau war vermutlich eine gestelzte Westapsis. Wie weit dieser Bau fortgeschritten war, ist unbekannt. Aufgehende Reste sind anscheinend nicht vorhanden.

Während des Baus entschied man sich um, d. h. es erfolgte eine Planänderung zu einem jetzt geosteten Bau, den Bau, den die traditionelle Forschung als erste Basilika sieht. Das Langhaus des ersten Baus übernahm man offenbar, womit der Bau doch schon fortgeschritten sein muss, ansonsten hätte man nicht das Langhaus durch eine Querwand während der Umbaumaßnahmen schützen müssen. Diese Querwand wurde von der Forschung als Westabschluss des Langhauses fehlinterpretiert, womit die Kürze des Langhauses obsolet ist.

Hierbei ist die Vorgehensweise bei mittelalterlichen Kirchenbauten zu beachten. In einem ersten Schritt regulierte man das Gelände und schuf eine Arbeitsebene. Danach steckte man gemäß dem vorgesehenen Baukonzept den gesamten Bau ab und erstellte die Fundamente bzw. Grundmauern. So hatte man die Voraussetzungen geschaffen, den Bau an mehreren Stellen gleichzeitig hochzuziehen, z. B. parallel die Ostteile und die Westteile. Das Langhaus setzte man i. d. R. zum Schluss dazwischen. Etwaige Änderungen während der Bauausführung wurden entsprechend angepasst, wenn notwendig auch in der Gründung.

Ich rekonstruiere damit - abweichend von JACOBSEN, einen ersten basilikalen gewesteten Bau (Bau II), der dann aufgegeben wurde. Das bereits (teilweise?) errichtete Langhaus erhielt ein Ostquerhaus und ein Chorquadrat mit den Doppelapsiden als Ostabschluss. Im Westen sollte der Bau eine Doppelturmfassade erhalten. Diese war bereits in der Gründung nachträglich angelegt, wurde jedoch nach meiner Auffassung nie ausgeführt. Die Doppelapsiden sind vielleicht dem Doppelpatrozinium St. Peter und Paul geschuldet, das ich als das ursprüngliche Patrozinium ansehe. Das Motiv der Doppelapsiden gibt es nicht allzu häufig. Es war z. B. bei der Solabasilika in Solnhofen zu finden. Es ist jedoch nicht als Novum anzusehen, wenn man z. B. an die Dreiapsidensäle denkt.

Den gewesteten Bau sehe ich im Zusammenhang mit dem Bestreben der römischen Kirche, ihren Einfluss auf die fränkische Landeskirche auszudehnen. Der gewestete Bau sollte ein Kopie von Alt-St.Peter in Rom darstellen, womit der Bauherr seine Hinwendung zur römischen Kirche demonstrierte. Die baldige Aufgabe des gewesteten Baus bedeutete natürlich keine Abwendung von Rom, sondern dokumentierte eher den römischen "Sieg" über die fränkische Landeskirche.
Derartige Aktivitäten einschließlich der Aufgabe der Westung waren nicht einmalig. Sie sind an zahlreichen anderen Orten nachweisbar. Ähnliche Beispiele sind wie zu vor bei St. Emmeram in Regensburg bereits angeführt, neben St. Emmeram der Dom zu Fulda, der Dom zu Mainz, der Dom zu Köln, der Dom zu Hildesheim, der Dom zu Augsburg, St. Aposteln zu Köln und vermutlich die Nordkirche in Magdeburg (siehe[MEISEGEIER 2017, 164ff], [MEISEGEIER 2019-1, 163ff], [MEISEGEIER 2019-2, 48ff, 65ff, 74ff, 98ff, 133ff]).
Alle diese gewesteten Bauten gehören dem Beginn des 12. Jh. an. Zweifellos ist auch die gewestete Basilika in Mittelzell in diese Zeit zu datieren. Die Aufgabe des gewesteten Baus ist in die erste Hälfte des 12. Jh. zu datieren.

Die nächste Baumaßnahme war die Errichtung der Chorscheitelkapelle. Wie schon mehrfach ausgeführt, sehe ich in den Chorscheitelkapellen generell zunächst eine Verehrungsstätte für die Gottesmutter Maria. Das Marienpatrozinium in Mittelzell ist ein weiterer Beleg für meine These. Der den hll. Peter und Paul geweihten Kirche wurde eine Marienkapelle und damit das bis heute erhaltene Patrozinium St. Maria hinzugefügt. Dadurch, dass der Zugang durch die beiden Apsiden erfolgte, können diese als Altarstandorte nicht mehr fungiert haben. Möglicherweise stand der Hauptaltar, vermutlich ein Marienaltar, separat im Chorquadrum. Offenbar war das Patrozinium St. Peter und

Paul in den Hintergrund geraten. Die Identifizierung der Rotunde als Heilig-Grab-Kapelle ist abzulehnen. Die Chorscheitelkapelle war so wenig wie alle anderen dieser Art eine Heilig-Grab-Kapelle.

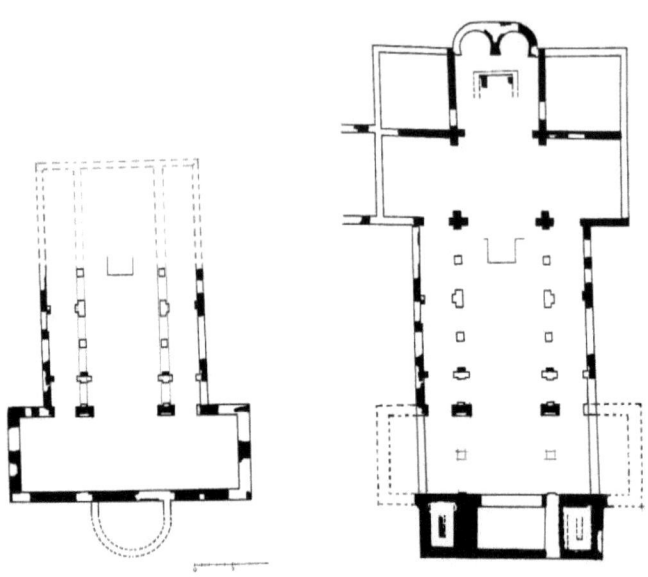

Bau II (um 1100)   Bau IIa (1. Hälfte 12. Jh.)

Das Vorhaben, eine Doppelturmfassade zu errichten, wurde m. E. aufgegeben. Stattdessen wurde wieder ein Westquerhaus mit einem Westchor errichtet. Diese Entscheidung dürfte mit der Translation der Markusreliquien im Zusammenhang stehen. Für die Präsentation der Reliquien des hl. Markus wurde sozusagen eine eigene, repräsentative Kirche innerhalb der vorhandenen Kirche errichtet.
Inspiriert könnte diese Konzeption von dem Westbau des Kölner Doms gewesen sein.

Datieren möchte ich diese Baumaßnahme um bzw. nach der Mitte des 12. Jh.

Entsprechend meines Rekonstruktionsvorschlages habe ich die Bauphasen von Bau II neu definiert (siehe Grundrisse). Mit dem Baubeginn von Bau II um 1100 verbleibt ein ausreichend großes Zeitfenster davor für die Errichtung und Erweiterung von Bau I und Ia. Dessen Bau sehe ich in der zweiten Hälfte des 11. Jh.

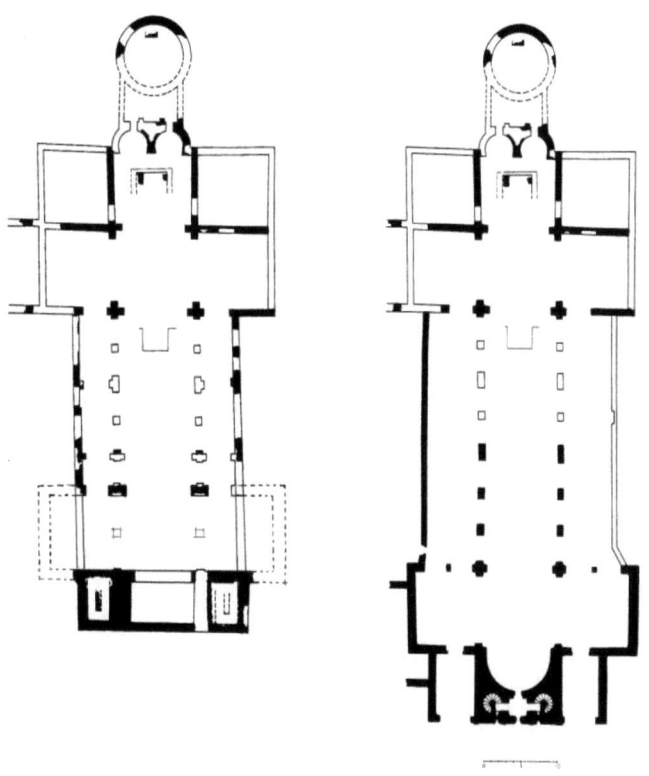

Bau IIb (1. Hälfte 12. Jh.)   Bau IIc (Mitte 12. Jh.)

Es ist schwer zu glauben, dass die Klausur, wie die Bauforschung annimmt, schon im Zusammenhang mit Bau I entstand. Ich vermute, dass diese frühestens mit Bau IIa, d. h. in der ersten Hälfte des 12. Jh. errichtet wurde. Möglicherweise haben die Ausgräber etwaige Fundamente fehlinterpretiert, da die Schriftquellen schon von einem frühen Kloster "berichten". Ich sehe die Klostergründung erst Anfang des 12. Jh. Sie hat vermutlich zu dem Neubau geführt. Die Klostergebäude wurden sicher nicht vor dem Kirchenbau begonnen.

Zuletzt noch das angebliche Grab Kaiser Karl des Dicken, der 888 im Münster bestattet worden sein soll. Dieses Grab ist zweifellos eine spätere Fälschung. Die Grabplatte mit der Inschrift „CAROLVS III IMPERATOR † 888" wurde vermutlich im Zusammenhang mit der angeblich 1728 erfolgten Verlegung an die Sakristei angefertigt.

Reichenau-Oberzell, St. Georg

Die Gründung des Klosters soll durch Abt. Hatto III. (888-913) erfolgt sein. 896 soll Hatto Reliquien des hl. Georg von Papst Formosus erhalten haben.
Die Kirche soll um das Jahr 900 errichtet worden sein.

Der Gründungsbau (Bau I), eine dreischiffige Basilika mit (möglicherweise) einem Trikonchos als Ostschluss.
Nachgewiesen sind die in großen Konchen endenden Querarme. Die "Ostkonche" ist durch den späteren quadratischen Chorbau (Bau Ia) nicht mehr festzustellen. Der Westabschluss zunächst wohl nur eine einfache Giebelwand. Über der abgeschnürten Vierung ein Vierungsturm.
Unter dem Ostteil des Langhauses vermutlich Winkelstollenkrypta mit Confessio.

Wohl gegen 1000 soll anstelle des ursprünglichen Ostschlusses von Bau I die Errichtung eines Rechteckchors mit einer Vierstützenkrypta erfolgt sein. Im Zusammenhang mit dieser Baumaßnahme die komplette Ausmalung der Kirche.

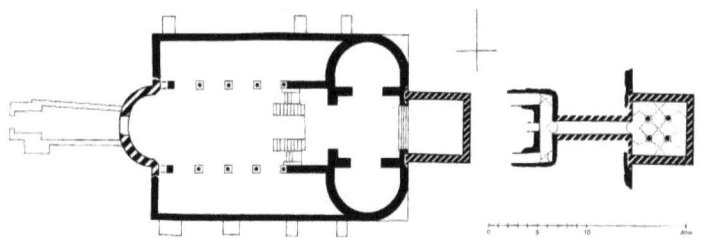

Reichenau-Oberzell, St. Georg, Grundriss aus [JACOBSEN / SCHAEFER / SENNHAUSER, 344]

Anfang des 11. Jh. soll die Westapsis angebaut worden sein. Das Portal im Apsisscheitel gehört zu dieser Baumaßnahme, womit die Westapsis keine Chorapsis sondern eine Eingangskonche war.

Vielleicht mit dieser Baumaßnahme, nach OSWALD jedoch erst gegen 1100, wurde die niedrige, langgezogene Vorhalle mit der darüber befindlichen Michaelskapelle errichtet.

Alternative Rekonstruktion der Baugeschichte

Die apsidial geschlossenen Querarme erinnern an einige Bauten im Rheinland, z. B. in Köln (St. Andreas, St. Aposteln, St. Maria im Kapitol, Groß St. Martin), die Münster in Bonn und Neuss. In [MEISEGEIER 2019-2] habe ich die Kölner Kirchen behandelt. Die dortigen Dreikonchenchöre habe ich zwischen 1150 und 1200 eingeordnet [ebd., 154]. Man könnte noch an Germigny-des-Prés denken, das ich sogar erst im 13. Jh. sehe (siehe Abschnitt *Germigny-des-Prés*).

173

Das heißt, dass für den Gründungsbau mit dem Trikonchos (?) durchaus eine spätere Errichtung ins Auge gefasst werden muss. Die Herkunft des Patroziniums St. Georg ist die Ostkirche, womit eine Vermittlung über die Kreuzfahrer im 12. Jh. durchaus möglich erscheint.

Wikipedia: "Die Verehrung des hl. Georg breitete sich im Vorderen Orient, Äthiopien und Ägypten aus. ... die größte Popularität wurde Georg jedoch im Hochmittelalter zuteil. Im Zeitalter der Kreuzzüge und des Rittertums verbreitete sich der Kult um den orientalischen Märtyrer zusehends. Georg wurde zum Schlachtenhelfer bei der Eroberung Jerusalems durch die Kreuzfahrer (15. Juli 1099), wurde als Miles christianus, als „Soldat Christi" zur Identifikationsfigur der Ritter und Krieger, zum Heiligen von Ritterorden wie dem gegen Ende des 12. Jahrhunderts entstandenen Deutschen Orden oder den Templern."

Die Winkelgang- oder Winkelstollenkrypta soll ebenfalls diesem Gründungsbau angehört haben. Etwas merkwürdig erscheint, dass diese unter dem Ostteil des Langhauses angeordnet wurde und nicht - wie üblich - unter dem Ostbau, hier der Vierung oder gar der Ostapsis.

Gab es vielleicht doch einen sehr einfachen, bisher nicht erkannten Vorgängerbau, z. B. einen schlichten Saalbau in den Abmessungen des Mittelschiffs? Die geschlossenen Wände (als Sanktuarium) anstelle von Arkaden im Osten des Langhauses könnten dafür sprechen. Die Grabungen haben keine Hinweise auf einen solchen ergeben.

Winkelgangkrypten wie auch Ringkrypten wurden durchaus noch im fortgeschrittenen 12. Jh. errichtet (z. B. in St. Gallen, Stiftskirche [MEISEGEIER 2019-2, 250ff]), wo es darum ging, heilige Reliquien den Gläubigen zu präsentieren. Oben und in meinen früheren Veröffentlichungen habe ich mehrfach darauf hingewiesen.

Ich sehe den Gründungsbau in Oberzell (ohne eventuelle Berücksichtigung eines Vorgängerbaus) in der ersten Hälfte des 12. Jh. In der nachträglichen Errichtung des Rechteckchores und der Vierstützenkrypta sehe ich eine

Planänderung während des fortgeschrittenen Baus. Für die Kryptastützen fanden offenbar vorhandene, etwas zu lange Säulenschäfte Verwendung, die 40 cm in den Boden der Krypta ohne Basen versenkt und sogar nachträglich abgearbeitet werden mussten [JACOBSEN / SCHAEFER / SENNHAUSER, 345]. Die Abarbeitung dürfte entgegen JACOBSEN bauzeitlich gewesen sein.
Dass der Bau schon weit fortgeschritten war, ist am Zugang zur Krypta abzulesen. Die Gründung der Vierung erlaubte nur noch einen zentralen Gang. Möglicherweise war die Krypta nur noch als privates Oratorium gedacht, denn größerem Besucherandrang entsprach die Zugangssituation einfach nicht. In der zweiten Hälfte des 12. und besonders im 13. Jh. wurden allgemein die Reliquien in den Chor der Oberkirche erhoben, womit die Krypten als Ort der Reliquienpräsentation an Bedeutung verloren.

Der Einbau der Westapsis mit dem zentralen Westeingang ist sicher, wenn überhaupt, nur wenig später erfolgt. Ebenso sehe ich den Anbau der Vorhalle mit der Michaelskapelle im Obergeschoss zeitnah.

Die Wandmalereien

Berühmt ist die Oberzeller Georgskirche wegen ihrer weitgehend erhaltenen angeblich ottonischen Ausmalung. Die erhaltenen Wandmalereien sind keine "klassischen" Fresken, sondern in einer Mischtechnik auf den erhärteten Putz aufgetragen [ERDMANN, 29].
Wandmalereien sind im Wesentlichen im Langhaus, in der Vierstützenkrypta und auf der Außenseite der Westapsis im Obergeschoss der Vorhalle erhalten, wobei die bedeutendsten sicher die an den Langhauswänden sind.
Zur Datierung Wikipedia: "Die Datierung dieser Wandmalerei wird seither kontrovers diskutiert. Die Datierungsansätze reichen von „spätkarolingisch" (circa 900, wohl unter Abt Hatto III. [† 913]), ... , bis „ottonisch" (ausgehendes 10. Jahrhundert bis circa 1000), so die in der Literatur vorherrschende Ansicht.

Die Verfechter der Spätdatierung brachten die Wandmalerei motivisch und stilistisch mit der bereits bekannten Buchmalerei des Klosters Reichenau in Verbindung, die als ottonisch eingeordnet werden. Gerade die stilistische Ähnlichkeit wird jedoch von den Vertretern der Frühdatierung in Frage gestellt.

So sei die Wandmalerei der Ostwand in der Krypta stilistisch mit dem Codex Egberti (trad. Reichenau, um oder nach 985 [ebd., 34]) direkt vergleichbar und damit deren Datierung um 985 für die Krypta zutreffend [ebd., 29].

"Die Bilder der Wunder Jesu (im Langhaus - MM) haben ihre inhaltlichen und kompositorischen Vorlagen in der Reichenauer Buchmalerei." [ebd., 30]

Die Malereien im Langhaus würden stilistisch dem Evangeliar für Otto III. (trad. Reichenau, um 1000) am nächsten stehen, wobei der Abstand zu denen der Krypta deutlich wäre [ebd., 32].

Die Wandmalerei auf der Außenwand der Westapsis im Obergeschoss der Vorhalle wurde "auf stilvergleichendem Wege" um 1070/90 datiert, insbesondere im Verhältnis zu den "späten" Reichenauer Bildhandschriften und zur Niederzeller Apsis [ebd., 32].

Eine Verwandtschaft der Wandmalereien mit der Reichenacher Buchmalerei ist möglicherweise nicht verwunderlich, ist deren traditionelle Datierung ebenso wie die der Kirchenbauten falsch, d. h. zu früh, datiert.

Die angeblich karolingische und ottonische wie auch die salische Buchmalerei entstanden frühestens im 12. Jh., meist sogar noch später.

Es ist m. E. unzweifelhaft, dass die Ausmalung der Oberzeller Georgskirche bauzeitlich ist, d. h. um die Mitte bzw. nach der Mitte des 12. Jh. Der Verweis bei Wikipedia auf die Malereien in der Sylvesterkapelle in Goldbach ist wenig hilfreich. In Goldbach sind sowohl der Kirchenbau als auch die Malereien viel zu früh datiert. Sie datieren mit Sicherheit auch dort in das 12. Jh.

Säckingen, St. Fridolinmünster

Nach der Legende geht die Gründung des Frauenstifts auf die Klostergründung durch den hl. Fridolin am Beginn des 6. Jh. zurück. Danach soll der hl. Fridolin aus Irland als Missionar in das alemannische Gebiet gekommen sein. Nach Wikipedia stammte Fridolin dagegen womöglich aus der Gegend.

Die erste urkundliche Erwähnung ist 878, als Kaiser Karl III. das Kloster seiner Gemahlin, der hl. Richardis, übergeben haben soll.

Im 10. Jh. soll die Kirche durch die Ungarn zerstört worden sein.

Die Klostertradition sieht danach einen ottonischen Bau, der um 1100 durch eine romanische Kirche abgelöst wurde. Teile dieses Baus seien noch im "massiven Westwerk mit den Untergeschossen der Türme" erhalten. [https://www. seelsorgeeinheit-badsaeckingen-murg.de/kirchen/st-fridolinsmuenster.html]

Abweichend Wikipedia: "Die erste Kirche in Säckingen stammt aus karolingischer Zeit. Zu Lage, Aussehen und Errichtungsjahr lassen sich trotz Ausgrabungen an der aus dieser Zeit erhaltenen Krypta keine Rückschlüsse ziehen.

Der älteste erhaltene Gebäudeteil des Münsters ist die Krypta, die zu einem dreischiffigen Kirchenneubau des 11. Jahrhunderts gehört. Im 12. Jahrhundert blieb diese basilikale Anlage bestehen. Der Chorraum wurde allerdings in das Langhaus hinein verändert und die Zugänge zur Krypta wurden verlegt. Gleichzeitig wurde in Verlängerung zur Kirchenschiffachse ein doppeltürmiger Westbau errichtet. Ein Atrium verband Kirche und Türme miteinander. Dabei wurden Kreuzgang und Klausurgebäude von der Nord- auf die Südseite des Münsters verlegt."

Sowohl für 1272 als auch für 1334 sind Brände der Kirche überliefert.

Zwischen 1343 und 1360 erfolgte ein völliger Neubau.

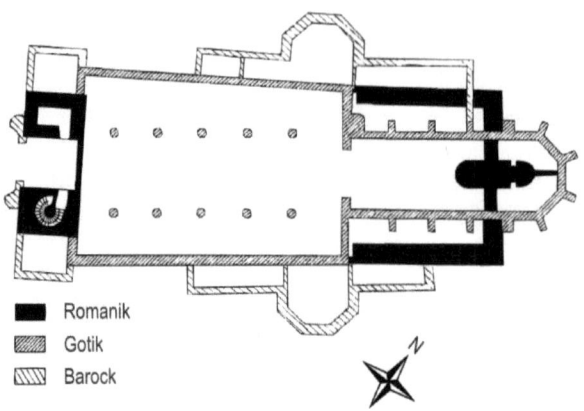

Romanik
Gotik
Barock

Säckingen, Fridolinmünster [Wikipedia]

Als offenbar ältester Bauteil ist eine Winkelgangkrypta erhalten. "Rechtwinkliges tonnengewölbtes Stollensystem. Seitlich des gotischen Chores Gänge, im Osten rechtwinklig umbiegend, höherer Mittelraum mit Apsis im Osten und Grabkammer im Westen. Altar mit vorkragender Platte in der Apsis erhalten." [OSWALD/SCHAEFER/SENNHAUSER, 290]

Während die Klostertradition die erhaltene Krypta dem karolingischen Bau des 8. oder 9. Jh. zuordnet, sieht JACOBSEN diese als Rest eines Baus nach dem Ungarneinfall, d. h. errichtet in der 1. Hälfte des 10. Jh. oder gar erst um 1000 [JACOBSEN / SCHAEFER / SENNHAUSER, 357].

Nach Wikipedia stammt die Krypta aus dem frühen 11. Jh. Sie war ursprünglich über Treppen von den Seitenschiffen zugänglich.
"Die Krypta blieb auch nach dem gotischen Neubau in Benutzung, wie der 1360 in ihr geweihte Altar zeigt. Bei einer Sanierung wurden in der Wand des südlichen Kryptenganges Reste eines leeren, steinernen Sarkophages freigelegt und im

westlichen Nebenraum der Krypta aufgestellt. Der Sarkophag barg ursprünglich vermutlich die Überreste des heiligen Fridolin. Die Verzierung des Deckels ist nur teilweise erhalten. Die verwendeten Elemente verweisen auf das 7. Jahrhundert." [Wikipedia]

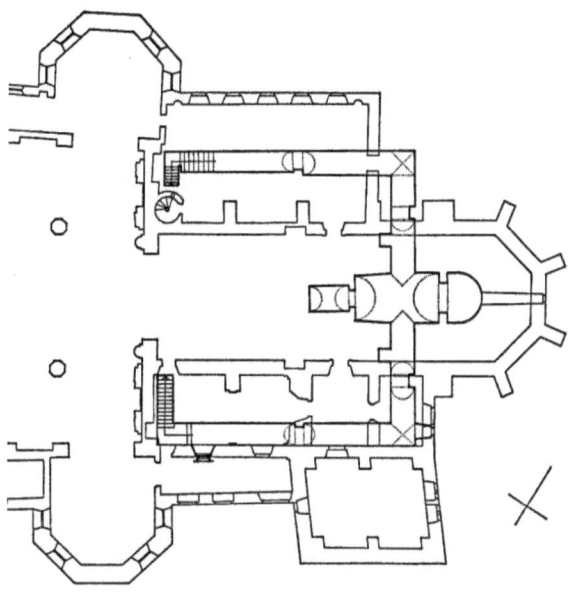

Säckingen, Fridolinsmünster, Krypta. Entnommen (Ausschnitt) aus [OSWALD / SCHAEFER / SENNHAUSER, 291]

Alternative Rekonstruktion der Baugeschichte

Die Gründung durch den hl. Fridolin ist eine fromme Legende, mehr nicht. Auch die erste urkundliche Erwähnung 878 ist zweifelsfrei eine Fälschung. Auch die Ungarneinfälle entstammen einem späteren Konstrukt.
Damit entfällt zumindest der karolingische Kirchenbau ersatzlos. Nunmehr sind zum einen die Winkelgangkrypta und

zum anderen der romanische Westbau, bzw. dessen erhaltenes Untergeschoss, entsprechenden Bauphasen zuzuordnen.

Die Ostausdehnung der Krypta legt nahe, dass das Mittelschiff mit einer Apsis im Osten abschloss. Offenbar haben die Ausgrabungen keine Befunde für ein Chorquadrat, Nebenapsiden und Querarme ergeben. Damit war die erste Kirche vermutlich eine dreischiffige, querhauslose Basilika mit einer Ostapsis und gerade geschlossenen Seitenschiffen. Die Stollen der Winkelgangkrypta zogen sich an den Innenseiten der Fundamente der Seitenschiffe und der Ostwand entlang. Der Zugang zur Krypta erfolgte von den Seitenschiffen. Möglicherweise waren die Stollen ursprünglich kürzer, da die Einengung etwa in der Mitte der Ost-West-Richtung verlaufenden Stollen sonst schwer erklärbar ist. Vielleicht wurden die Seitenschiffe im Bereich des Chores nachträglich als Chornebenräume (Sakristei, Schatzkammer) umgenutzt, weshalb ein Verlagerung der Zugänge nach Westen nötig wurde.

Der nach Westen gerichtete Mittelstollen, der den Zugang zum Sepulcrum ermöglichte, war zu einem Raum aufgeweitet, welcher sich sogar weiter nach Osten erstreckte und dort mit einer kleinen Apsis abschloss. Der Raum ermöglichte den Gläubigen den Aufenthalt zum Gebet vor dem Heiligengrab. Möglicherweise stand von Anfang an ein Altar in der Apsis.

Nach meiner Auffassung gehört der Westbau zu derselben Bauphase wie die Krypta, trotz des verzogenen Grundrisses. Ich rekonstruiere den Westbau als romanische Doppelturmfassade. Dass zwischen den Türmen und der Kirche ein Atrium bestand, sehe ich eher nicht, auch wenn es zweifellos solche Lösungen gab, u. a. in Lorsch [MEISEGEIER 2019-2, 180]. In der Regel wurde der Bereich zwischen der freistehenden Doppelturmfassade mit einer Vorhalle geschlossen, wofür es aber in Säckingen keinerlei Anzeichen gibt.

Die Verzerrung des Grundrisses ist vielleicht auf einen Absteckungsfehler zurückzuführen. Wie damals üblich, wurde zunächst der gesamte Grundriss abgesteckt, danach die

Fundamente/Grundmauern errichtet, bevor mit den aufgehenden Bauteilen begonnen wurde. Dieses Vorgehen ermöglichte das gleichzeitige Hochziehen des Ost- und Westbaus. Nachträglich wurde das Langhaus dazwischen gesetzt. Etwaige Absteckungsfehler werden dabei jedoch erst sehr spät entdeckt. Ein Rückbau ist dann kaum noch möglich, weshalb man die Anpassung bei der Errichtung des Langhauses vornehmen musste. Ein ähnliches Beispiel liegt bei der Stiftskirche in Gernrode vor.

Zur Datierung: Doppelturmfassaden werden frühestens ab Mitte des 12. Jh. errichtet. Und die Winkelgangkrypta? Winkelgangkrypten wie auch Ringkrypten dienen der Präsentation eines Heiligengrabes. Ist ein solches am Ort verfügbar bzw. glaubte man, ein solches dann verfügbar zu haben, wurden diese Anlagen auch noch in späterer Zeit errichtet. Ich verweise an dieser Stelle z. B. auf die Ringkrypta von San Apollinare in Classe in Ravenna, die von BRAUN in die zweite Hälfte des 12. Jh. datiert wurde [BRAUN, 573].

Für Säckingen wird von OSWALD auf die Galluskrypta in St. Gallen verwiesen. Diese Winkelgangkrypta habe ich um 1100, die spätere Otmarskrypta in derselben Kirche, ebenfalls eine Winkelganganlage, in die Mitte des 12. Jh. datiert [MEISEGEIER 2019-2, 259f].

Die Säckinger Anlage zeigt durch die Aufweitung des Ganges vor dem Heiligengrab schon eine fortgeschrittenere Entwicklungsphase. Eine Datierung in die Mitte des 12. Jh. ist durchaus denkbar.

Ob der bei der Sanierung in der Wand des südlichen Kryptenganges aufgefundene leere Sarkophag die Heiligengebeine enthalten hat, ist sicherlich ein Stück weit Spekulation. Die Abmaße des Sepulcrums von 2,80 x 1,73 m schließen das nicht aus. Warum der Sarkophag jedoch später in der Wand vermauert wurde, entzieht sich einer schlüssigen Begründung. Er hätte doch auch nach Erhebung der Gebeine im Sepulcrum verbleiben können. Die Datierung des Sarkophags in das 7. Jh. ist der falschen Chronologie und der daraus abgeleiteten falschen Stilentwicklung geschuldet. Die sog. Verzierungen des 7. Jh. dürften Skulpturen des 12. Jh. sein.

Ich halte den hl. Fridolin, wie schon in Wikipedia angedeutet, für einen örtliche Heiligen. Bis 1170 konnte die Heiligsprechung lokal durch den zuständigen Bischof vorgenommen werden. In der Regel erst ab 1170 und verbindlich ab 1234 erfolgte die Heiligsprechung ausschließlich durch Rom.

Werden an der Ruhr, St. Liudger

Die Gründung durch Liudger angeblich 799. Die erste Klosterkirche, eine dreischiffige Basilika ohne Querhaus, soll 808 noch von Liudger geweiht worden sein. Angeblich unter Abt Altfrid (gest. 849) Neubau, vollendet 875. Die heutige Außenkrypta soll 1059 geweiht worden sein.
Der spätromanische Umbau wurde um 1230 (1256?) begonnen.

Alle vorgenannten traditionellen Datierungen sind konstruiert und entbehren jeder Grundlage. Sie liefern keinen Beitrag zur Baugeschichte.

Bisherige Rekonstruktionen

Nach [JACOBSEN / SCHAEFER / SENNHAUSER, 453f]:
Der erste Kirchenbau (Bau I) an dieser Stelle war eine dreischiffige Anlage. Das Mittelschiff hatte etwa die Breite des heutigen Baus, die Seitenschiffe waren schmaler. Der Bau war im Westen gerade geschlossen. Der Ostabschluss ist unbekannt. Es konnten weder Fußböden noch ein Laufniveau festgestellt werden.
Datierung: um 800 (Gründungsbau Ludgers)

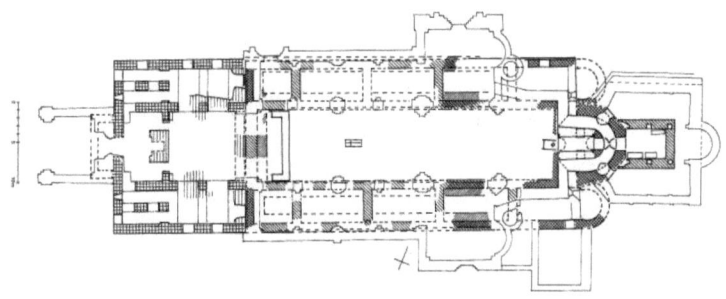

Werden, St. Liudger, Grundriss aus [JACOBSEN / SCHAEFER / SENNHAUSER, 453]

Der Nachfolgebau (Bau II) planeinheitlicher Neubau. Für das Langhaus wurden die Fundamente des ersten Baus wiederverwendet, die Ostteile auf eigenen Fundamenten. Chorapsis innen halbrund, außen wahrscheinlich fünfseitig gebrochen. Die Chornebenräume im Süden und Norden mit hufeisenförmig gestelzten Apsiden, Deren Fußböden um eine Stufe gegenüber dem Langhausniveau gehoben. Unter dem Chor eine Krypta. Die heutige Ringkrypta mit Confessio, schmalen Zugängen und langen Stollen jedoch erst 11. und 13. Jh.

Die Krypta ursprünglich nach OSWALD eine Vierstützenhalle mit breitem westlichen Quergang [OSWALD / SCHAEFER / SENNHAUSER, 370]. Diese unmittelbar aus den Chorseitenschiffen über Treppen in der Breite des westlichen Quergangs zugänglich. OSWALD hielt die rechtwinklig gebrochenen Kryptenzugänge bis auf die westlichen Teile irrtümlich noch für ursprünglich, was SCHAEFER jedoch widerlegen konnte [SCHAEFER / CLAUSSEN, 306ff].

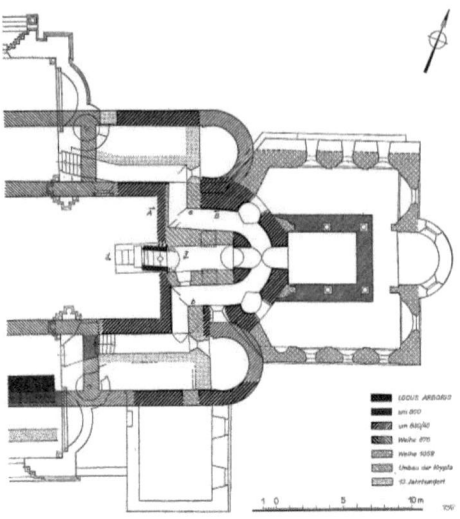

Werden, Abteikirche. Grundriss des Ostbaus mit Krypten. Entnommen aus [SCHAEFER / CLAUSSEN, 305]

Die Stützen waren Pfeiler, das östliche Pfeilerpaar mit viertelkreisförmigem Querschnitt, die Rundung der Apsidenrundung folgend. Das westliche Pfeilerpaar wohl quadratisch. Breiter westlicher Quergang. in den die breiten Zugangstreppen mündeten.

Die Westwand des Raumes unter der Apsis in der Mittelachse unterbrochen durch kleinen, leicht schräg verlaufenden Stollen, in der Überlieferung des Klosters *locus arboris* genannt. Öffnung (Vierpass) in der Decke als Verbindung zum Altarraum.

Die leicht gestelzte Halbkreisapsis mit seitlichen Apsidiolen (heute Durchgänge zur Außenkrypta des 11. Jh.).

Im Scheitel der Apsis Durchgang zu einer im Grundriss rechteckigen Außenkrypta. Diese angeblich im 11. Jh. durch die heutige, größere Ludgeridenkrypta ersetzt. Deren Mittelschiff mit Apsis.

184

Kernbestand das gestelzte Halbrund der Apsis, ihre seitlichen Rundnischen, die Scheitelöffnung zur Ludgeridenkrypta, die konzentrisch stehenden Viertelkreispfeiler und Teile der Westwand beiderseits des *locus arboris*. OSWALDs Rekonstruktion einer Vierstützenhalle durch die jüngeren Befunde gestützt.
Datierung: Baubeginn vor 850, Weihe 875

Nachträglich wurde diesem Bau ein quadratischer, turmartiger Westbau (Bau IIa) mit zweigeschossigen Annexräumen und einer Vorhalle im Westen angefügt, der offenbar zum Mittelschiff eine weite Öffnung besaß. Über Geschossdecken im Westbau ist sich die Forschung offenbar uneins.
Datierung: Weihe 943

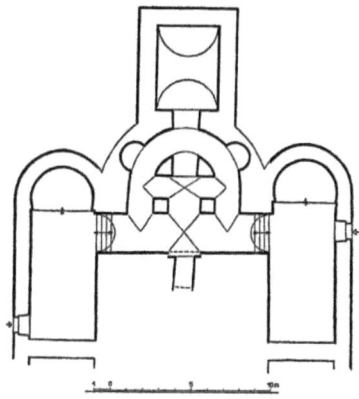

Werden, Abteikirche. Krypta Rekonstruktionsvorschlag nach SCHAEFER [SCHAEFER / CLAUSSEN, 315]

Vorschlag für eine alternative Baugeschichte:

Die breiten Fundamente, die Bau I zugeschrieben werden, stehen nicht für eine separate Bauphase, sondern sind ein Bauabschnitt der Bauphase II. Sie waren nur der Unterbau für die tatsächlichen Fundamente und wurden meist schon bei

Baubeginn angelegt. Sie dienten dem Niveauausgleich und stellten die Gründung auf einer tragfähigem Baugrundschicht sicher. Die Breite der Streifen sollte mögliche spätere Lageabweichungen des Überbaus auffangen. Bei der Herstellung dieser Unterkonstruktion wurde In der Regel anstehendes Material verwendet. Eine solche Vorgehensweise war im frühen Kirchenbau üblich, z. B. auch bei St. Servatius in Quedlinburg und bei St. Maria in Quedlinburg (siehe [MEISEGEIER 2019-1, 86ff bzw. 220ff]).

Der Bau wurde im Osten begonnen, wo vermutlich durch den natürlichen Geländeanstieg ein solcher Unterbau nicht erforderlich war.

Der Bau II - für mich der erste Bau an dieser Stelle - ein "planeinheitlicher Neubau".

Der Ostbau, bestehend aus dem Chor in Mittelschiffsbreite mit der Hauptapsis im Osten, begleitet von zwei Nebenchören, ebenfalls apsidial geschlossen.

Die Fundamente des Langhauses auf dem o. a. Unterbau außermittig. Die endgültige Lage hatte sich durch die exakte Absteckung ergeben.

Die Krypta:

Die heutige Erscheinungsform der Krypta als Ringkrypta ist das Ergebnis eines Umbaus, vermutlich des 13. Jh. Die Forschung weist diesen Umbau dem 11. Jh. unter Erzbischof Anno II. von Köln zu. Ich halte Erzbischof Anno II. für ein Konstrukt, d. h. es hat ihn nie gegeben (siehe [MEISEGEIER 2019-2, 128f]).

Wie oben beschrieben, war die Krypta ursprünglich eine Vierstützenkrypta. Die Abrundung der beiden östlichen Pfeiler betont noch den Umgang entlang dem Apsisrund.

Die seitlichen Apsidiolen in der Halbkreisapsis wohl ehemals Fenster (ähnlich der Krypta in Rohr).

Im Scheitel der Apsis ein breiter Durchgang zu der längsrechteckigem ersten Außenkrypta.

Der Stollen in der Westwand (*locus arboris*) vermutlich ehemals Aufstellungsort für den Reliquienschrein des hl. Ludger. Die Öffnung in der flachen Decke zum Sanktuarium wurde vermutlich erst im 13. Jh. hergestellt.

Nach SCHAEFER der sog. *locus arboris* wohl ursprünglich ein gemauertes Grab. Daraus die Schräglage des *locus arboris* erklärlich. Vermutlich ist das Grab älter als der Kirchenbau. Das Grabgewölbe war ursprünglich viel niedriger. Beim Bau der Krypta wurde der Grabbau von der Westwand überbaut, wobei der Grabbau in den Kryptaraum noch hineinragte. Der Überstand wurde später abgearbeitet, vermutlich nach der Übertragung der Gebeine in einen Reliquienschrein. Die Erweiterung des *locus arboris* bis zur Chorraumdecke erfolgte erst im 13. Jh. mit dem Umbau der Krypta. Auch erst im 13. Jh. die westliche Verlängerung des Mittelstollens (westlich hinter der Westwand des *locus arboris*). [SCHAEFER / CLAUSSEN, 311ff]

Die Gründung war unzweifelhaft eine Eigenkirche. Anscheinend ist sie über dem ausgezeichneten älteren Grab errichtet worden. Über die Person des Bestatteten (Ludger?) sind nur Spekulationen möglich. War Ludger der Stifter der Eigenkirche, der erst später zum Heiligen erhoben wurde und eine eigene Heiligengeschichte bekam? Vielleicht war er auch der Gründer eines Vorgängerbaus, welcher außerhalb des Grundrisses des Neubaus lag und bis heute unentdeckt ist? Die Bezeichnung der älteren wie auch der jüngeren Außenkrypta als Ludgeridenkrypta lässt an eine Familiengrablege denken.

Die erste Außenkrypta dürfte schon kurz nach der Errichtung der Krypta angefügt worden sein. Den Ersatz der ersten Außenkrypta durch die größere und heute noch erhaltene Außenkrypta sehe ich nach 1100, vermutlich im ersten Viertel des 12. Jh.

Möglicherweise war in der ersten Planung der Bau einer Krypta gar nicht vorgesehen. Der Zugang zur Krypta direkt vor den anzunehmenden Altarstellen der Nebenchöre dürfte den Altardienst in den Nebenchören extrem beeinträchtigt haben. Auch die ungewöhnliche Einbindung des Grabes in die Kryptawestwand bestärkt die Vermutung.

Wiederum müssten dann die seitlichen Apsidiolen und der mittlere Durchgang durch das Apsismauerwerk nachträglich eingebracht worden sein, wofür es derzeit keine Belege gibt.

Wann wurde der Bau errichtet? Die traditionellen Datierungen sind sämtlich unbrauchbar, da sie konstruiert sind.
Die Bauformen des Chors und der Krypta liefern vielleicht einige brauchbare Hinweise.
Der Chor mit seinen Nebenchören erinnert an die Chorlösungen der Reformordenkirchen der Hirsauer und der Augustinerchorherren, deren früheste Bauten in die zweite Hälfte des 11. Jh. bzw. um 1100 datieren. Dort waren die Nebenchöre mit dem Hauptchor i. d. R. räumlich verbunden, während in Werden die Chorwände vermutlich geschlossen waren.
Die Vierstützenkrypta ist frühestens in die Mitte des 11. Jh. zu datieren. Die Rohrer Krypta hatte ich in die zweite Hälfte des 11. Jh. eingeordnet (siehe [MEISEGEIER 2019-1, 78ff]).
Ich denke, dass auch für die Werdener Vierstützenkrypta und damit für den gesamten Kirchenbau eine Datierung in die zweite Hälfte des 11. Jh. bis vielleicht um 1100 in Frage kommt.
Die wegen der ebenfalls viertelkreisförmigen Pfeiler von der Forschung als Vergleichsbeispiel herangezogene Westkrypta des Kölner Doms hat m. E. eine völlig andere Raumwirkung. Von einer Halle ist in Köln kaum zu sprechen. Die Kölner Anlage habe ich später, in die erste Hälfte des 12. Jh. bis Mitte des 12. Jh., datiert (siehe [MEISEGEIER 2019-2, 114]).
Der Westbau (Bau IIa) wurde nachträglich an die bestehende Kirche angesetzt. In dem Westbau sehe ich eine typische Westbaulösung der zweiten Hälfte des 11. Jh. bis in die erste Hälfte des 12. Jh. Den in der Literatur herangezogenen Vergleichsbau, den Westbau von St. Pantaleon in Köln, habe ich in die 1. Hälfte des 12. Jh. datiert (siehe [MEISEGEIER 2019-2, 162ff]).
Die Errichtung des Westbaus sehe ich im Zusammenhang mit der Gründung der Benediktinerabtei in der ersten Hälfte des 12. Jh., für die ein schlichter Kirchenbau sicher nicht repräsentativ genug war. Vermutlich zu diesem Zeitpunkt wurde die ehemalige Eigenkirche in die Obhut der römischen Kirche überführt. "In der Regel unterliegen die Abteien nicht dem gebietszuständigen Bischof, sondern direkt dem Heiligen Stuhl." [Wikipedia (Abtei)]

Mit der Einrichtung eines Benediktinerklosters war die Errichtung von entsprechenden Klostergebäuden verbunden. Im Jahr 1119 sollen die alten Klostergebäude abgebrannt sein [STÜWER, 42]. Archäologische Reste dieser alten Klosteranlage gibt es nicht. Ich halte diese Nachricht für eine Zweckbehauptung, die das Nichtvorhandensein einer älteren Klosteranlage "begründen" sollte. Die Datierung könnte jedoch den Start der Errichtung der Klosteranlage markieren. Die Klostergebäude lagen auf der Südseite der Kirche. Um 1150 werden eine *curia abbatis* bzw. eine *caminata abbatis* genannt [STÜWER, 42]. Dagegen dürfte die Nennung einer Badestube schon im 11. Jh. [ebd., 42] ein Irrtum sein. Der Kapitelsaal wird 1258, das Refektorium 1231 erstmals erwähnt [ebd., 44].

"Wohl schon um 1230, und nicht erst nach dem Brand von 1256," [Wikipedia] erfolgte der Umbau zu einer dreischiffigen Emporenbasilika mit einem östlichen Querhaus und einem polygonalen Chor.

Offenbar im Zusammenhang mit dem spätromanischen Umbau wurden auch die Ostteile einschließlich der Krypta umgebaut.
So wurden die Nebenapsiden abgebrochen und die Chornebenräume gerade geschlossen. Die bisherige Hallenkrypta wurde zu einer Ringkrypta umgestaltet. Zwischen den Pfeilern und zur Westwand wurden Längswände eingezogen, womit die sog. große Grabkammer entstand, in der heute der Reliquienschrein des hl. Ludger steht. Die Einwölbung der Krypta wurde erneuert. Das ursprüngliche Grab wurde aufgelöst, indem die Gebeine in einen Reliquienschrein transferiert worden sind und der alte Grabraum bis zur Chordecke erhöht wurde. In der Decke wurde ein Vierpass als Einblicköffnung vom Chor angeordnet. Der in die Krypta ragende Teil des alten Grabbaus wurde vermutlich zu diesem Zeitpunkt abgearbeitet, womit die heutige Gestalt des *locus arboris* entstand.
Westlich des *locus arboris* wurde ein kurzer Stollen unter dem Chorpodium angelegt, der den Zugang vom Langhaus zur

Westwand des *locus arboris* erlaubte, in der vermutlich eine Einblicköffnung angeordnet war, durch die die Gläubigen auf den Schrein des hl. Ludger blicken konnten analog der Vierpassöffnung vom Chor. Eine ähnliche Einblicköffnung habe ich in der Westwand der Ostkrypta der Stiftskirche Gernrode rekonstruiert (siehe [MEISEGEIER 2019-1, 202ff]). Anstelle der bisherigen breiten Zugänge zur Krypta wurden die stollenartige, abgewinkelte Zugangsanlage errichtet. Der Zugang zur Krypta erfolgte jetzt aus dem Querhaus. In diesem Zusammenhang erfolgte die Anhebung des Fußbodenniveaus der ehemaligen Nebenchöre auf das Niveau des Hauptchors. Die ehemaligen Nebenchöre wurden zu Chornebenräumen umfunktioniert (Sakristei, Schatzkammer), die vom Chor aus zugänglich waren.

Die von WALLMANN [WALLMANN, 13ff] beschriebenen Reliefplatten (angeblich) des 11. Jh., die er einer den Apsisbereich abtrennenden Schrankenanlage zuordnet, gehören ebenfalls dem spätromanischen Umbau an.

Der Umbau der ursprünglichen kleinen Hallenkrypta zu einer Ringkrypta im 13. Jh. ist scheinbar seltsam. In der traditionellen Forschung wird die Ringkrypta als die entwicklungsgeschichtlich ältere Kryptenform angesehen.

Dass dem nicht so ist, habe ich in meinen früheren Veröffentlichungen schon mehrfach dargelegt.

Die entscheidende Veranlassung für den Bau einer Ringkrypta und meiner Auffassung nach auch einer Winkelgangkrypta, welche sich nur durch die abgewinkelten Zugangsstollen von einer Ringkrypta unterscheidet, war ausschließlich die Präsentation eines Heiligengrabes. Diese Kryptenformen sind also kein Entwicklungsstadium der "Krypta" als solche. Sie kommen über den gesamten Zeitraumes des Kryptenbaus vor und sind damit für die genauere zeitliche Einordnung einer Krypta nicht geeignet.

So hat schon BRAUN die Ringkrypta in S. Apollinare in Classe in die zweite Hälfte des 12. Jh. datiert [BRAUN, 573]. Die ergrabene Ringkrypta in Halberstadt sehe ich in der ersten Hälfte des 12. Jh. (siehe [MEISEGEIER 2019-1, 61ff]). Auch die Umgangskrypta von Corvey habe ich in das 12. Jh. verortet (siehe [MEISEGEIER 2019-2, 65]).

Zürich, Fraumünster

Laut einer Urkunde Ludwig des Deutschen erfolgte die Gründung des Fraumünsters im Jahr 853, indem er ein bestehendes königliches Eigenkloster seiner Tochter Hildegard überschrieb.
Daraufhin soll ein Neubau der Kirche erfolgt sein, welcher 874 zu Ehren der hll. Felix und Regula geweiht worden sein soll, wofür Reliquien der beiden Heiligen aus dem Großmünster in Zürich in die Kirche überführt worden sein sollen.

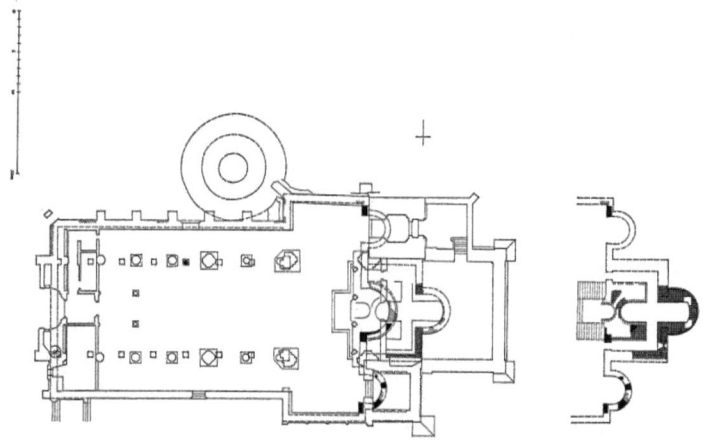

Zürich, Fraumünster. Grundriss entnommen aus [OSWALD/SCHAEFER/SENNHAUSER, 391f]

Diese erste Kirche soll eine dreischiffige Säulenbasilika in den Abmessungen etwa der heutigen Kirche gewesen sein, mit Querschiff und drei Apsiden, zunächst noch ohne Türme und Krypta. Diesem Bau soll nachträglich eine Außenkrypta hinzugefügt worden sein, die um 1000 oder Anfang des 11. Jh. zur Gangkrypta umgebaut worden sein soll. Ca. 1150/70 wurde der Südturm (Chorflankenturm) errichtet; der entsprechende Nordturm dann Anfang des 13. Jh. Ab Mitte des 13. Jh. wurde die Kirche im gotischen Stil umgebaut und erweitert (Chor ca. 1250/70, Langhaus ca. 1270/90). [OSWALD / SCHAEFER / SENNHAUSER, 391f].

Die an der Nordseite nachträglich angebaute Rundkapelle (Jakobskapelle) soll nach SENNHAUSER im 10. Jh. errichtet worden sein und wird von ihm als Reliquienkapelle oder Heilig-Grab-Nachahmung gedeutet [OSWALD / SCHAEFER / SENNHAUSER, 393].

Gegen die Datierung in das 9. Jh. sprachen sich die Historiker EGLOFF und HECHT aus. Nach ihrer Auffassung sei die Gründung der Abtei nicht vor dem 12. Jh. anzusetzen [OHNSORG 2011, 9]. Durch die Hinzuziehung eines neuen Experten (VOGT) konnte dieser Einspruch abgewehrt werden, rechtzeitig vor der 1100-Jahrfeier.
EGLOFF rekonstruierte für das Fraumünster gemeinsam mit dem Züricher Großmünster ein Doppelkloster. Diese Idee wird abgelehnt, da es für die karolingische Gründung des späteren Großmünsters keine sicheren Belege noch entsprechende Schriftquellen vor dem 12. Jh. gibt. Darüber hinaus datiert die älteste bisher bekannte Bausubstanz des Großmünsters frühestens in das 10. Jh. "Auch vom Bestattungsplatz von Felix und Regula, auf dem das Grossmünster der Legende nach errichtet worden sein soll, fehlt bislang jede Spur und für sein Fehlen liegt bis heute keine plausible Erklärung vor." [OHNSORG 2012, 32f]

"Von historischer und inzwischen insbesondere auch von archäologischer Seite gibt es Hinweise, welche die Hypothese einer Gründung um 853 n. Chr. mehr denn je in Frage stellen." [OHNSORG 2011, 9]

Neue archäologische Untersuchungen im Jahr 2006 anlässlich eines Leitungsbaues in der Umgebung des Fraumünsters und jüngste Beobachtungen zeigen nun, "dass zwischen der römischen Epoche und dem Dreiapsiden-Bau mindestens zwei Phasen mit älteren Siedlungsstrukturen vorliegen. Zur älteren Siedlungsphase an dieser Stelle gehören mehrere kleinere Gruben, vermutlich für Pfosten, und eine grosse Grubenstruktur, bei der es sich möglicherweise um ein Grubenhaus handelt. ... Die Spuren der älteren Besiedlung sind in ein dickes Siltpaket eingetieft, das von der Sihl während einer längeren Überschwemmungsphase abgelagert wurde. In dieser Siltschicht, die sich auf dem Sihldelta grossflächig fassen lässt, fanden sich vereinzelt kleinste Fragmente von römischer Keramik (darunter mittelkaiserzeitliche Glanztonware) und im Leitungsgraben an der Fraumünsterstrasse eine Münze des 4. Jahrhunderts. Die C14-Datierung der Siltschicht weist in die Zeit von 410 bis 550 n. Chr. ... Nicht zuletzt aufgrund der römischen Urnenbestattungen aus dem unmittelbar benachbarten Zentralhof gehen wir davon aus, dass das Delta tatsächlich erst nach der mittleren Kaiserzeit von der Sihl überschwemmt wurde ... Eine Datierung des während der Überschwemmungsphase abgelagerten Siltpakets in frühestens spätrömische Zeit passt daher sehr genau. Für die älteren in den Silt eingetieften Besiedlungsspuren ergibt sich somit ein terminus post quem. ... Überdeckt werden die Spuren der älteren Besiedlung von einem alten Oberboden (Humus) ... Voraussetzung für einen solchen Bodenbildungsprozess war, dass der Bereich nach der älteren Besiedlungsphase eine Zeit lang brach lag. ... Auf die Brache folgte die jüngere Besiedlungsphase vor der ersten steinernen Kirche. Sie zeichnet sich durch mehrere grosse, kreisrunde Pfostengruben aus ... Deren typische Verfüllungen enthielten ebenfalls kleinste römische Keramiksplitter ... Sie sind in Reihen angeordnet und scheinen – im Gegensatz zu den älteren Strukturen im Bereich der Kirche und der nahen Umgebung – bereits die Ausrichtung der ersten steinernen Kirche vorzugeben. Allerdings reichte der dazugehörige mutmassliche Pfostenbau über den jüngeren Dreiapsidenbau hinaus weiter Richtung Osten hin zur Limmat. Ob es sich dabei um einen hölzernen Vorgängerbau der Kirche handelt, ist offen. ... Sicher ist inzwischen, dass die erste steinerne

Kirche mit den drei Apsiden auf trockenes, bereits früher besiedeltes Gelände gebaut worden ist." [ebd., 10ff]

In Kurzform gebracht, heißt das, dass es am Ende der Römerzeit eine große Überschwemmungskatastrophe gab; danach eine längere Brache mit primitiven Bauten (Grubenhaus) und einfachen Holzbauten, bevor die erste steinerne Kirche errichtet wurde.

Ich erinnere an die HEINSOHN-These, nach der am Ende der Römerzeit eine globale Naturkatastrophe stattfand. Diese Katastrophe datierte HEINSOHN um 230/520/930. Nach dieser Katastrophe erfolgte eine neue Besiedlung auf niedrigsten Niveau (z. B. Grubenhäuser, Holzbauten). Erst viel später entstehen erste Steinbauten.

Mit der Lage zwischen den Flüssen Limmat und Sihl sowie dem nahen Zürichsee war das Areal des Fraumünsters im Fall einer Überschwemmungskatastrophe höchst gefährdet.

Mit der Datierung der Katastrophe um 930 u. Z. (nach meinem Ansatz um 940) befinden wir uns bereits im 10. Jh. u. Z.. Die darauf folgende Brache und die Phase der einfachen (primitiven) Bauten, dürften mindestens ein Jahrhundert gedauert haben, womit wir bereits Mitte des 11. Jh. wären. Ein erster Steinbau ist kaum vor der Mitte des 11. Jh. zu erwarten. Damit lagen offenbar die Historiker EGLOFF und HECHT gar nicht so falsch, wenn sie die Gründung des Fraumünsters nicht vor dem 12. Jh. ansetzten.

Gleichzeitig ist zwangsläufig die traditionelle Gründungsgeschichte und der Bau der ersten Kirche im 9. Jh. vom Tisch. Die angebliche Holzkirche, die von OHNSORG ins Gespräch gebracht wurde, halte ich für eine Fehlinterpretation. Allein die Überschneidung mit dem Steinbau spricht gegen einen Kultbau. (Warum platzierte man den Neubau so, dass die bestehende Kirche nicht mehr genutzt werden konnte?)

Alternative Rekonstruktion der Baugeschichte

Der Gründungsbau, eine dreischiffige, turmlose Säulenbasilika mit durchgehendem Querhaus und direkt am Querhaus ansetzender, stark eingezogener Hauptapsis sowie im Norden und im Süden Nebenapsiden.

Das Grundrisskonzept folgt noch nicht dem quadratischen Schematismus, die Vierung war noch nicht ausgeschieden. Das Querhaus dürfte in seiner Raumwirkung einem Dreiapsidensaal geähnelt haben, wie er südlich der Alpen mehrfach vorkommt.

Ich datieren diesen Gründungsbau, vermutlich ein Eigenkloster (Nonnenkloster?), in das letzte Viertel des 11. Jh. Das Patrozinium Felix und Regula deutet ebenfalls auf das Ende des 11. Jh. Die Verehrung der Märtyrer der Thebäischen Legion beginnt erst im 11. Jh. (siehe auch St-Maurice [MEISEGEIER 2019-2, 262ff] und Köln, St. Gereon [MEISEGEIER 2019-2, 143ff]).

Zürich, Fraumünster. Gründungsbau des 11. Jh. Grafik entnommen aus [https://www.fraumuenster.ch/das-fraumunster/geschichte/]

Den von der Forschung gesehenen Anbau einer Außenkrypta halte ich für eine Fehlinterpretation. Nach meiner Auffassung wurde der bestehende Bau um einen querrechteckigen Chor mit neuer ebenfalls stark eingezogener Hauptapsis und einer Winkelgangkrypta erweitert.

Die Winkelgangkrypta diente vermutlich der Präsentation der Reliquien der hll. Felix und Regula. Ihr Grundriss zeigt schon eine fortgeschrittene Form der Winkelgangkrypta. Der Mittelstollen ist schon aufgeweitet und nach Osten verlängert. Es gab weder eine Grabkammer noch eine Confessio. Der Reliquienschrein war vermutlich im westlichen Mittelstollen frei aufgestellt. Eine tiefe, im Abschluss abgerundete Nische zwischen den Chortreppen erlaubte von der Vierung eine Annäherung an das Reliquiar, womöglich gab es eine Einblicköffnung, die den Gläubigen einen Blick auf das Reliquiar erlaubte.

Im östlichen Teil des Mittelstollens dürfte ein Altar aufgestellt gewesen sein. Nach der Rekonstruktionsskizze in [ROSNER, 265] öffneten die beiden Zugänge gerade in die Vierung. Ich weiß nicht, ob dafür ein entsprechender Grabungsbefund vorlag. Oft war die Chorbühne in die Vierung vorgezogen und die Zugänge zur Krypta winkelten nach Norden bzw. Süden ab.

Zürich, Fraumünster. Um 1170. Grafik entnommen aus [https://www.fraumuenster.ch/das-fraumunster/geschichte/]

Diesen Umbau datiere ich in die erste Hälfte des 12. Jh. Rein spekulativ - möglicherweise blieb die alte Hauptapsis während der Umbauarbeiten zunächst bestehen, womit die ungestörte Nutzung der Kirche während der Baumaßnahmen so lange wie möglich erfolgen konnte. Vielleicht hat diese Verfahrensweise zu der irrigen Annahme des Zwischenzustandes (Außenkrypta) geführt.

Sicher nur kurze Zeit nach dem Abschluss dieser Baumaßnahmen wurde der südliche Chorflankenturm errichtet.

Ebenfalls in die Mitte des 12. Jh. datiere ich die sog. Jakobskapelle. Ich halte sie für eine Kopie der Grabrotunde der Grabeskirche in Jerusalem. Das Mittelfundament hat vermutlich eine Heilig-Grab-Nachbildung getragen. In [MEISEGEIER 2018, 26ff] habe ich einige bekannte Heilig-Grab-Anlagen und ihre zeitliche Einordnung behandelt. Im nahe gelegenen Konstanz finden wir sowohl eine Winkelgangkrypta als auch eine Nachbildung der Grabrotunde und des Heiligen Grabes (siehe oben).

Im Übrigen zähle ich die Züricher Fraumünsterkirche zu einer Gruppe von Bauten im Bodenseegebiet mit einer jeweils ähnlichen Chorlösung inklusive Winkelgangkrypta. Zu dieser Gruppe zähle ich neben dem Fraumünster in Zürich die Stiftskirche in St. Gallen (siehe [MEISEGEIER 2019-2, 250ff]), die Konstanzer Münsterkirche (siehe oben) und die Frauenstiftskirche in Säckingen (siehe oben).

Das Fraumünster - Teil eines Doppelklosters

EGLOFFs These von einem Doppelkloster Großmünster /Fraumünster scheiterte an der falschen Argumentation seiner Gegner.

Sie suchten vergeblich nach Belegen für die karolingische Existenz des Großmünsters, da sie - wenn überhaupt - das Doppelkloster im 9. Jh. sahen. EGLOFFs Ansatz, dass das

Fraumünster in das 12. Jh. gehört, ignorierten sie anscheinend schlichtweg.

Wenn man die Gründung des Fraumünsters Ende des 11. Jh. sieht und berücksichtigt, dass im Großmünster Reste eines Vorgängerbaus archäologisch nachgewiesen wurden, die dem 11. Jh. zugewiesen werden [Wikipedia], wird die These bzgl. eines Doppelklosters durchaus plausibel. Bemerkenswert ist, dass sowohl das Großmünster als auch das Fraumünster dasselbe Patrozinium haben. Das Großmünster soll auf einem römischen Gräberfeld bzw. in dessen Nähe errichtet worden sein [Wikipedia]; eine übliche Vorgehensweise im Rahmen des beginnenden Märtyrerkultes, die wir an zahlreichen frühen Kirchenstandorten vorfinden.

Die Gründung von Doppelklöstern war um 1100 keine Seltenheit. Im 13. Jh. wurden diese Gründungen allgemein wieder aufgehoben, wobei i. d. R. ein Part ersatzlos verschwand oder verlegt wurde. Am Beispiel des Erfurter Doppelklosters St. Peter und Paul habe ich dazu ausgeführt (siehe [MEISEGEIER 2019-1, 40ff]).

Ich sehe die Gründung des Damenstifts infolge der Auflösung des Doppelklosters im 13. Jh. In diesem Zusammenhang erfolgte dann der gotische Umbau der Kirche. Das Großmünster wurde in der Folge zum Chorherrenstift.

Vielleicht entstammt das Jahr 853 der gefälschten Urkunde Ludwigs des Deutschen doch einer realen Datierung. Dann wäre diese merowingisch/spätantik und würde korrigiert dem Jahr 1271 entsprechen. Erfolgte die Gründung des Damenstifts im Jahr 1271? Seitens der Baugeschichte steht kein Argument dagegen.

Literaturverzeichnis:

Anwander, Gerhard (2004): Wibald von Stablo – Hans Constantin Faußner: Mutiger Forscher entlarvt genialen Fälscher. Langfassung zum Artikel der ZEITENSPRÜNGE 2003/3. Entwurf vom 10.03.2004

Arens, Fritz (2009): Der Dom zu Mainz. Neu bearbeitet und ergänzt von Günther Binding. Seeheim

Arndt, Mario (2014): Wer war Karl der Große wirklich? HISTORY HACKING (Webseite von Mario Arndt) https://de.geschichte-chronologie.de/index.php?option=com_content&view=article&id=134%3Awer-war-karl-der-grosse-wirklich&catid=30%3A2008-11-15-18-07-26&Itemid=116

Arndt, Mario (2015): Die wohlstrukturierte Geschichte: Eine Analyse der Geschichte Alteuropas. BoD Norderstedt

Berland, Jean-Marie (1958): La crypte préromane de saint Odon (Xe siècle). In: Renaissance de Fleury. Bulletin de l'Association des amis de saint Benoît, No. 25, mars 1958, p. 17-20

Berland, Jean-Marie (1960): Les fouilles récentes de la basilique de Saint-Benoît-sur-Loire. Bulletin de la Société nationale des Antiquaires de France Année 1962 1960 pp. 28-35   [https://www.persee.fr/doc/bsnaf_0081-1181_1962_num_1960_1_6268]

Bleiber, Waltraut (1988): Das Frankenreich der Merowinger. Berlin

Braun, Joseph (1924): Der christliche Altar in seiner geschichtlichen Entwicklung. Band 1: Arten, Bestandteile, Altargrab, Weihe, Symbolik, München

Claussen, Hilde (1957): Spätkarolingische Umgangskrypten im sächsischen Gebiet. In: Karolingische und ottonische Kunst. Werden, Wesen, Wirkung. 6. Internationaler Kongreß für Frühmittelalterforschung. Deutschland, 31 Aug. - 9. Sept. 1954, Wiesbaden

Erdmann, Wolfgang (1993): Die Reichenau im Bodensee. Geschichte und Kunst. Die blauen Bücher. Königstein im Taunus

Franz, Dietmar (2009): Hans Constantin Faußner - Wibald von Stablo - Thietmar von Merseburg. In ZEITENSPRÜNGE 21(1), 231-249

Haas, Walter (1995): Zur mittelalterlichen Anlage des Klosters St. Mang in Füssen: Krypta - Kreuzgang - Kapitelsaal ; Beobachtungen und Überlegungen In: Festschrift Heinrich Magirius S. 73-92

Hitzel, Franz (1996): Münster Unserer Lieben Frau zu Konstanz. Schnell, Kunstführer Nr. 581, 18. Auflage

Hubert, Jean / Porcher, Jean / Volbach, W. Fritz (1968): Universum der Kunst. Frühzeit des Mittelalters. Von der Völkerwanderung bis an die Schwelle der Karolingerzeit. Verlag C.H. Beck, München

Illig, Heribert (1996): Das erfundene Mittelalter. Die größte Zeitfälschung der Geschichte. ECON, 10. Auflage 2001

Illig, Heribert (2007): Arbeitsentlastung für Wibald. Eine Wandlung der These von Hans Constantin Faußner. In ZEITENSPRÜNGE 19(2), 407-412

Imhof, Michael / Winterer, Christoph (2013): Karl der Große. Leben und Wirkung, Kunst und Architektur. Michael Imhof Verlag Petersberg

Jacobsen, Werner (1983): Die ehemalige Abteikirche Saint-Médard bei Soissons und ihre erhaltene Krypta. Zeitschrift für Kunstgeschichte, 46. Bd., H. 3 (1983), 245-270

Jacobsen, Werner (1992): Der Klosterplan von St. Gallen und die karolingische Architektur. Entwicklung und Wandel von Form und Bedeutung im fränkischen Kirchenbau zwischen 751 und 840. Berlin

Jacobsen, Werner / Schaefer, Leo / Sennhauser, Hans Rudolf (1991): Vorromanische Kirchenbauten. Katalog der Denkmäler bis zum Ausgang der Ottonen. Nachtragsband., München

Kubach, Hans-Erich (2011): Der Dom zu Speyer. 5. Auflage, WBG Darmstadt

Lassus, Jean (1974): Frühchristliche und byzantinische Welt. Architektur, Plastik,Mosaiken, Fresken, Elfenbeinkunst, Metallarbeiten. Schätze der Weltkunst, Band 4, Gütersloh, München, Wien

Leroux-Dhuys, Jean-Francois / Gaud, Henri (2007): Die Zisterzienser. Geschichte und Architektur. H. F. Ullmann

Meisegeier, Michael (2017): Der frühchristliche Kirchenbau - das Produkt eines Chronologiefehlers. Versuch einer Neueinordnung mit Hilfe der HEINSOHN-These. BoD Norderstedt

Meisegeier, Michael (2018): Das Heilige Grab in Gernrode - alles klar, oder? Eine alternative Baugeschichte. BoD, Norderstedt

Meisegeier, Michael (2019-1): Frühe Kirchenbauten in Mitteldeutschland. Alternative Rekonstruktionen der Baugeschichten. 2. überarbeitete und ergänzte Auflage. BoD Norderstedt

Meisegeier, Michael (2019-2): Frühe Kirchenbauten in Deutschland - alle zu früh datiert. Kirchenbau ohne Karolinger, Ottonen, Salier, Staufer. BoD Norderstedt

Mesnier, Nicole / Baud, Odile / Papin, André (1994): Abbatiale IXe Siècle Saint-Philbert-de-Grand-Lieu. Èditions Quest-France, Rennes

Miesen, Linda: Die Abtei Saint-Germain d'Auxerre 1: Geschichte (incl. Baugeschichte). Quelle: https://www.academia.edu/17125526/Die_Abtei_Saint_Germai n_dAuxerre._Geschichte_und_Baugeschichte

Müller, Iso (1997): Weltkulturgut Kloster St. Johann Müstair. Schnell, Kunstführer Nr. 601, Regensburg

de Narbonne, Roland (1992): Auxerre. Abbaye-Musée Saint-Germain. Guide de Visite. Société d'Editions Régionales (CIDEV SA), Paris

Ohnsorg, Petra (2011): Zwischen Limmat und Fraumünster. Neue Untersuchungen zur Uferzone am Zürcher Stadthausquai und zur Fraumünster-Abtei. Stadt Zürich Archäologie und Denkmalpflege 2008–2010, Internetpublikation,www.stadt-zuerich.ch/denkmalpflegebericht

Ohnsorg, Petra (2012): Wie alt ist das Fraumünster? Neue Erkenntnisse zur Frühzeit des Zürcher Fraumünsters. In: „Stadt Zürich – Archäologie und Denkmalpflege 2010 – 2012", Seiten 30 – 36

Oswald, Friedrich / Schaefer, Leo / Sennhauser, Hans Rudolf (1990): Vorromanische Kirchenbauten. Katalog der Denkmäler bis zum Ausgang der Ottonen, München (unveränderter Nachdruck der Ausgabe von 1966-1971)

Piendl, Max (2007): St. Emmeram zu Regensburg. Schnell Kunstführer Nr. 573, von Schlemmer, Hans und Reidel, Hermann überarbeite 15. Auflage, Regensburg

Pörnbacher, Hans (1987): St. Mang in Füssen mit den Nebenkirchen. Schnell, Kunstführer Nr. 147, 2. Auflage, München/Zürich

Rebeyrat, Gaston / Perronnet, Gilberte / Gauthier, Michel (1993): Germigny des Prés. Editions et Impressions COMBIER

Rosner, Ulrich (1991): Die ottonische Krypta. Köln

Schaefer, Leo / Claussen, Hilde (1974): Neue Funde zur frühen Baugeschichte der Abteikirche Werden. In: Die Kunstdenkmäler des Rheinlandes, Beiheft 20, Beiträge zur rheinischen Kunstgeschichte und Denkmalpflege II, Düsseldorf, 293-320

Sölter, Walter (1981): Die ehemalige Abteikirche Essen-Werden. Rheinische Kunststätten, Heft 254, Neuss

Stüwer, Wilhelm (1980): Das Erzbistum Köln. Die Reichsabtei Werden an der Ruhr. In: Germania Sacra. Die Bistümer der Kirchenprovinz Köln. Hrsg. vom Max-Planck-Institut für Geschichte. Berlin

Untermann, Matthias (2006): Architektur im frühen Mittelalter. WBG Darmstadt

Wallmann, Peter (1993): Zur Neuausstattung der Werdener Salvator-Basilika unter Abt Adalwig (um 1065-1080). In: Wallraf-Richartz-Jahrbuch, Vol. 54, 7-30

von Winterfeld, Dethard / Janson, Felicitas /Wilhelmy, Winfried (2016): Mainz. Dom St. Martin. Schnell Kunstführer Nr. 608, 25. Auflage, Regensburg

Wintermantel, Stefan (2015): Die Zahlen aus der Baubeschreibung der Chronik von Saint-Bénigne in Dijon, http://www.belsener-kapelle.de/downloads/zahlen_benigne.pdf